AENIGMA IUDAICUM

De Mesopotamia a la Tierra Prometida

José Carlos

España (2009)

Dedico este libro a: mi madre, que siempre ha estado ahí aguantando mis rarezas; a mi padre, mis hermanas y mi hermano; pero sobre todo a mi sobrino, del cual espero que haya heredado mi pasión por la lectura y la escritura.

"La libertad es el bien más preciado,

no la malgasten, vívanla"

CONSTITUCIÓN ESPAÑOLA

Título I "De los derechos y deberes fundamentales"

Capítulo 2 "de los derechos y libertades"

Art. 16.1 Se garantiza la libertad ideológica, religiosa y de culto de los individuos y las comunidades sin más limitación, en sus manifestaciones, que la necesaria para el mantenimiento del orden público protegido por la ley.

Art. 16.2 Nadie podrá ser obligado a declarar sobre su ideología, religión o creencias.

Art. 20.1.a Se reconoce y protegen los derechos: A expresar y difundir libremente los pensamientos, ideas y opiniones mediante la palabra, el escrito o cualquier otro medio de reproducción.

CONSTITUCIÓN EUROPEA

Art. 2.71. Título II sobre libertades.

1. Toda persona tiene derecho a la libertad de expresión. Este derecho comprende la libertad de opinión y la libertad de recibir o comunicar informaciones o ideas sin que pueda haber injerencias de autoridades públicas y sin consideración de fronteras.

2. Se respetan la libertad de los medios de comunicación y su pluralismo.

Autor: J. Carlos da Costa

Título: AENIGMA IUDAICUM (De Mesopotamia a la Tierra Prometida)

Editado: 2014

ISBN Create Space: ISBN-13: **978-1505280944**

ISBN-10: **150528094X**

Número de Asiento Registral de la Propiedad Intelectual: **LE 217 2014**

Printed in Spain - Impreso en España

ATENCIÓN:

Antes de leer la siguiente obra titulada: *AENIGMA IUDAICUM "de Mesopotámia a la Tierra Prometida"*, le conviene saber que:

- El autor y los editores del mismo condenan cualquier actuación negativa en la cual se utilice el nombre de esta obra.
- El autor y los editores del mismo condenan cualquier tipo de agresión o discriminación hacia algún colectivo por cuestiones de: raza, sexo, ideología o credo.
- El autor y los editores del mismo afirman que defender a su raza, no significa odiar o discriminar a las demás.
- El autor y los editores del mismo afirman no creer en la superioridad racial de manera colectiva. Cada pueblo tiene sus virtudes y sus defectos.
- El autor y los editores del mismo condenan las persecuciones que se han sucedido en el pasado y que han sido motivadas por cuestiones: raciales, ideológicas o religiosas.
- El autor y los editores del mismo defienden la libertad religiosa.
- El autor y los editores del mismo defienden que cada pueblo tiene derecho a decidir su futuro.
- El autor y los editores del mismo creen en un verdadero estado democrático, que de voz a las minorías políticas con una representación justa, basada en cada voto y no en cuotas.

- El autor y los editores del mismo defienden la libertad de expresión y de conciencia.

- El autor y los editores del mismo condenan la represión civil, militar, judicial y social por cuestiones ideológicas, étnicas o religiosas.

- El autor y los editores del mismo se amparan en la Constitución española (art 16.1, 16.2 y 20.1.A) y en la Constitución Europea (art. 2.71. TITULO 2) para ejercer su derecho a expresarse libremente.

AENIGMA IUDAICUM

De Mesopotamia a la Tierra Prometida

"Y te dará sus reyes en tus manos y tú aniquilaras en su nombre bajo el cielo. Nadie te resistirá hasta que los extermines."
(Deum., 7, 4)

Introducción

Resulta muy atrayente el misticismo oriental que recubre la tradición del pueblo hebreo: su afán de superación, su ambición, su ascensión al poder, el Holocausto,... Su drama inter-temporal es digno de ser equiparado a cualquier tragedia griega que se precie, por ello son los maestros del enredo y de la teatralización. A lo largo de la historia, ríos de tinta han corrido respecto a la cuestión judía, son numerosos sus detractores pero también sus defensores. Cuando se toca la cuestión judía no hay lugar para medias tintas o plumas pusilánimes: "o los amas o los rechazas". Nunca nadie había conseguido generar tal cantidad de sentimientos encontrados. Incluso en los defectos el judío puede ocultar alguna de sus mayores virtudes.

Al evaluar la actuación de la problemática judía a lo largo de la historia, se puede observar como esta abarca diferentes conceptos: políticos, sociales, económicos, religiosos e históricos. La cuestión judía debe ser considerada desde una perspectiva histórica, sociológica y teológica, ya que en la actualidad todavía surgen dudas acerca de quién o qué es ser judío.

La influencia político-económica judía a nivel internacional, "su milenaria consigna del resentimiento teológico" y en especial, su papel relevante en la creación de la doctrina marxista, son a día de hoy temas tabús debido a su especial controversia. En el ámbito intelectual de la izquierda Europea, y también de la "derechona" capitalista, se sigue la tendencia de hacer de cualquier hierva un haz, etiquetando los estudios científicos, políticos e históricos que evalúan la cuestión judía desde un punto de vista políticamente incorrecto, como mera propaganda antisemita.

Antes de comenzar con mi humilde aportación a la biografía del conocimiento de la nación judía, recomiendo a los lectores de mi obra que reflexión concienzudamente a cerca de los contenidos de la misma, que utilicen toda su noesis cognitiva y entiendan el peligro que supone para el mundo libre la hegemonía política, mediática y financiera de este pueblo sacerdotal por excelencia, repleto de conspiradores mesiánicos con delirios imperialistas. Para terminar me gustaría mencionar unas sabias palabras escritas por el gran escritor galleguista Vicente Risco acerca del elemento judío:

"Se reproba al judío donde quiera que el judío exista. El antisemitismo existe en cualquier parte del mundo donde haya judíos"

LA CUESTIÓN RACIAL

"vosotros los Israelitas sois llamados seres humanos, los pueblos del mundo, empero, no son llamados seres humanos, sino bestias"

(Tr. Baba mezia, fol. 114 col. 2.)

¿Existen de verdad las razas? ¿Son superiores unas a otras? ¿Las diferencias prácticas entre ellas las enemistan? ¿Puede existir un pueblo sin raza o una raza sin pueblo, geográficamente hablando?

En la actualidad, realizar cierto tipo de comentarios sobre la existencia o no de las razas, puede conllevar serios problemas legales a quién los plantea. La cuestión racial es un tabú para la sociedad actual, debido a la hábil e incesante propaganda censora de partidos tan diversos como: liberales, demócratas, comunistas, verdes,... Resulta cuanto menos curioso que opciones políticas tan antagónicas, se posicionen en el mismo bando a la hora de defender los intereses y el ideario racial propugnado desde el bando hebraico.

La sociedad Occidental está atravesando un periodo de negación de la identidad nacional en la llamada era de la "post-etnicidad", fomentada desde las altas esferas de la élite económica internacional. La existencia de una nación universal en la sombra, representa una amenaza inestable para salvaguardar las diferencias étnico-culturales y religiosas de la arbitrariedad política de los sátrapas de turno. La sociedad multiétnica pone en peligro el orden moral y cultural de Occidente, debido a que la nueva entidad multirracial colectiva ha sido construida según la retórica de la ideología de la uniformidad racial, cultural, social y mercantil, al más puro estilo soviético. En este nuevo proceso de reubicación cultural y racial, el pueblo indoeuropeo se ve obligado a renunciar a su propia herencia étnica en favor de la idea de una nueva sociedad abstracta, construida desde el discurso del deslegitimado poder democrático.

El lector primerizo se preguntara sobre cuál es el fin último que persigue el judío y sus aliados políticos con su constante campaña a favor del mestizaje. Pues como es obvio, lo que se procura con ello es la eliminación del sentimiento de unidad racial entre los pueblos Indoeuropeos para lograr su mestizaje con otras razas más maleables. Los Amos del Pensamiento saben que la consanguinidad entre los individuos de los pueblos Indoarios es un elemento que juega en su contra para el establecimiento de un nuevo orden mundial. Ese sentimiento de pertenencia étnica a un grupo o pueblo determinado, es un fuerte nexo de unión dentro de la comunidad de los pueblos indoeuropeos, ya que la grandeza de un pueblo reside en la pureza de la sangre y solo destruyendo este vínculo, se podrá minar la moral y resistencia de dicho pueblo.

Muchos panegiristas anti-raciales subvencionados niegan, a pesar de las evidencias científicas, la existencia de las razas y en concreto la de la raza judaica. Insinúan que los pueblos actuales, y en especial el judío, se han mezclado tanto que resulta imposible encontrar comunidades racialmente puras y diferenciadas del resto. Pero la verdad es que estos comentarios no pasan de ser simple propaganda barata, que busca desmoralizar el sentimiento de unión en Occidente.

Día tras día, desde la prensa, la radio y la televisión se nos comentan las maravillas de la sociedad multicultural y multirracial, intentando hacer creer a la sociedad que todos sus problemas se terminarán cuando no existan ni razas ni fronteras que los dividan. Según la propaganda oficial propugnada desde los medios afines a los intereses de los Maestros Censores, la guerra y la pobreza entre los pueblos es causada, supuestamente, por el sentimiento nacionalista que insensibiliza a las naciones. Yo culparía más bien de la pobreza mundial al capitalismo salvaje ejercido por los economistas transnacionales.

Bajo un falso sentimiento de fraternidad internacionalista, se fomenta una masiva inmigración de color hacia Europa. Bajo el pretexto de la pobreza en sus países de origen, Europa se ve obligada a acoger un número cada vez mayor de desheredados, que debido a su ingente cantidad resulta imposible asimilarlos. Esto da como resultado el aumento de la "orientalización" de la cultura y del mestizaje de la población dentro del territorio europeo. A todo aquel que dándose cuenta de lo inestable de la situación actual en lo referente a la inmigración, intente pensar por sí mismo apartándose de la versión oficial que se lanza a las masas, se le tilda de: reaccionario, fascista, xenófobo..., calificativos que estigmatizan al individuo convirtiéndolo en poco menos que un paria, en un enemigo del Estado y de la sociedad.

Las viejas tradiciones culturales y raciales Indoeuropeas que le eran inculcadas a nuestros jóvenes, son suplantadas, hábilmente, por valores carentes de fondo y forma, por la cultura de lo superfluo, por la ley del mínimo esfuerzo, por el todo vale,...; lo que conlleva que nuestra juventud no tenga unas convicciones morales firmes y se produzca el efecto que estamos padeciendo en la actualidad:

"La Decadencia Racial y Moral de Occidente"

—La raza judía: ¿Mito o realidad?

En la actualidad, la identidad judía está sumida en la más profunda oscuridad. ¿Son acaso judíos los que profesan la religión judía o más bien son considerados judíos los que comparten ciertos lazos de sangre con los descendientes del pueblo de Abraham? Si así fuera: ¿cómo se definiría esta unión? ¿Qué rasgos raciales tendrían?

Respecto al tema judío reina la confusión. Los problemas derivados del estudio de la cuestión racial suponen un reto en la actualidad, ya que muchas veces se ven influenciados por las creencias emocionales, sociales y políticas del individuo, debido a la imposibilidad de adoptar la neutralidad necesaria para sostener una visión objetiva del asunto en cuestión.

Los judíos son de procedencia racial semita, al igual que los pueblos árabes, y la gran mayoría de su población ha preservado sus raíces genéticas por más de 4000 años. Ambos descienden de los antiguos nómadas de los desiertos de Siria y Arabia, que sobre el año 4000 a. C. se establecieron en las regiones más civilizadas del levante de Mesopotamia, huyendo de la desecación y de la escasez de territorio para asentarse. Los judíos formaban parte de una serie de tribus cananeas nómadas que se dedicaban al pastoreo en las zonas limítrofes con el desierto, lo que viene a significar que pertenecían al escalafón más bajo de la sociedad cananea. Entre estas tribus nómadas apareció una nueva religión como elemento aglutinante, lo que dio lugar a la creación del pueblo judío.

La afinidad genética cercana entre judíos y árabes, al menos en lo referente al cromosoma Y, ya es reflejada en el libro del Génesis desde un punto de vista teológico. El modelo hereditario de linajes es reconocible en las poblaciones árabes y judías de hoy en día, pero es distinto para las poblaciones europeas, aunque ambos grupos étnicos se diferencian extensamente de los africanos subsaharianos, tal como se puede observar en el estudio realizado por el Doctor Michael F. Martillo:

Estudio del fondo común del Cromosoma Y en las poblaciones de Oriente Medio:

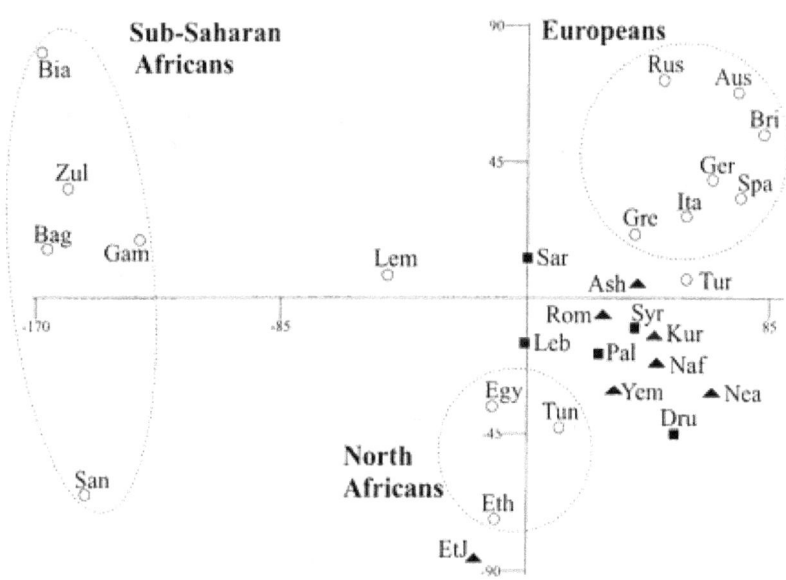

(1*) Estudio realizado por: M. F. Martillo, A. J. Redd, E. T. Madera, M. R. Bonner, H. Jarjanazi, T. Karafet, S. Santachiara-Benerecetti, A. Oppenheim, M. A. Jobling, T. Jenkins, H. Ostrer, y B. Bonné-Tamir.

(2*)El higo 2. MDS datos basados en el cromosoma haplotype Y de diversas poblaciones. MDS fue realizado sobre una matriz de valores de Acorde estimados sobre la base de las frecuencias de 18 Y-cromosoma haplotypes en 29 poblaciones. Los códigos demográficos de tres cartas son definidos en Sujeta y los Métodos [ver debajo]. Los Triángulos sólidos representan a las poblaciones judías, los cuadrados (o plazas) sólidos representan a las poblaciones del Medio Oriente, y los círculos abiertos representan varias poblaciones.

 (3*)Las muestras judías incluyeron a 115 Ashkenaíes (la Ceniza), 44 judíos romanos (Rom) (21), 45 judíos norteafricanos (Naf) (25 marroquíes, 15 libios, 1 tunecino, 1 argelino, y 3 de países inespecificados norteafricanos), 32 cerca de judíos Orientales (Nea) (18 iraquíes y 14 iraníes), 50 judíos kurdos (Kur) (22), 30 judíos Yemenite (Yem) (23), y 20 judíos etíopes (EtJ) (23). Las muestras no judías del Medio Oriente incluyeron a 73 Palestinos (el Amigo), 91 sirios (Syr), 23 libaneses (Leb), 21 drusos israelíes (Dru), y 21 Árabes sauditas (Sar). La composición restante de la muestra era así: Europeos: 31 rusos (Rus), 44 británico (Bri), 33 Alemanes (Ger), 40 Austríacos (Aus), 81 italianos (Ita), 23 español (Balneario), 85 Griégos (Gre); Africanos de Norte: 31

En la actualidad se calcula que la población judía mundial oscila entre los 12 y 15 millones, la gran mayoría residentes en los Estados Unidos e Israel:

Población judía a nivel mundial (1*)

País o región	Población judía
Estados Unidos	**5.600.000 aprox.**
Israel	**5.100.000 aprox.**
Europa	**2.000.000 aprox.**
Francia	510.000 aprox.
Rusia	150.000 aprox.
Reino Unido	270.000 aprox.
Italia	29.000 aprox.

Grecia	103.000 aprox.
Suiza	18.000 aprox.
Portugal	500 aprox.
Dinamarca	6.400 aprox.
España	10.000 aprox.
Holanda	28.000 aprox.
Alemania	103.000 aprox.
Suecia	15.000 aprox.
Rumanía	10.900 aprox.
Ucrania	105.000 aprox.
Austria	9.000 aprox.
Polonia	3500 aprox.
Bélgica	30.000 aprox.
Hungría	50.000 aprox.
Bielorrusia	60.000 aprox.
América (excluidos los EEUU)	**1.100.000 aprox.**
Brasil	98.000 aprox.
Chile	20.000 aprox.
Panamá	5.000 aprox.
México	40.000 aprox.
Canadá	364.000 aprox.
Venezuela	15.000 aprox.
Uruguay	22.000 aprox.
Bolivia	8.000 aprox.
Argentina	190.000 aprox.
Panamá	5.000 aprox.
Asia (excluido Israel)	**59.000 aprox.**

Turquía	17.000 aprox.
Kazakstán	4.500 aprox.
India	5.300 aprox.
Japón	1.000 aprox.
Georgia	5.000 aprox.
Irán	11.000 aprox.
Uzbekistán	6.000 aprox.
Azerbaiyán	7.900 aprox.
África	**108.000 aprox.**
Sudáfrica	98.000 aprox.
Zimbawe	700 aprox.
Kenia	400 aprox.
Marruecos	5.600 aprox.
Oceanía	**107.000 aprox.**
Australia	100.000 aprox.
Nueva Zelanda	6.000 aprox.
Total	**14.074.000 aprox. (*)**

(*) Calculo obtenido del resultado final del estudio de las cifras reales obtenidas en diferentes trabajos y estudios científicos a nivel internacional acerca de la población judía en el mundo: Gil Sinay/ La palabra Israelita, Department of Immigration and Citizenship (DIMA), 1996 Census, MacIsaac, Daniel/ Ukraine's Jews say fear led to low numbers in recent census, World Jewish Population 2002, Jewish Refugees from Arab Countries, Sergio DellaPergola, "World Jewish Population 2002", American Jewish Year Book, 102, New York, 2002, ...

(1*) Esta tabla es una representación parcial de los países que acogen dentro de sus fronteras a población de pertenencia étnica judía, aunque algunos no aparezcan representados. Muchos países han sido omitidos por el escaso porcentaje de judíos dentro su territorio, otros por no tener un censo concreto acerca del porcentaje de población judía, pero aun así la cifra expuesta en negrita es una aproximación real del estudio detallado de los diversos censos de población judía a nivel mundial.

Las 20 ciudades con mayor porcentaje de población judía en su área metropolitana. (*)

Ranking	Área Urbana	País	Población judía
1	Tel Aviv	Israel	2,575,000
2	New York	U.S.A	2,051,000
3	Los Ángeles	U.S.A	668,000
4	Haifa	Israel	597,000
5	Jerusalén	Israel	575,000
6	Southeast Florida	U.S.A	498,000
7	Paris	Francia	310,000
8	Be'er Sheva	Israel	310,000
9	Philadelphia	U.S.A	285,000
10	Chicago	U.S.A	265,000
11	Boston	U.S.A	254,000
12	San Francisco	U.S.A	218,000
13	Londres	Reino Unido	195,000
14	Buenos Aires	Argentina	175,000
15	Toronto	Canadá	175,000

16	Washington	U.S.A	166,000
17	Mosú	Rusia	108,000
18	Baltimore	U.S.A	106,000
19	Detroit	U.S.A	103,000
20	Montreal	Canadá	95,000

(*) World Jewish Population 2002", *American Jewish Year Book*, 102, New York, 2002

El lector se planteará la cuestión sobre cómo se puede distinguir físicamente a un judío debido a sus fenotipos raciales de lo más variados, los cuales van desde el tipo nórdico al negroide (judíos etíopes). La verdad es que la respuesta a esta pregunta normalmente está llena de falsos tópicos. Un ejemplo es el supuesto olor característico que dicen que acompaña al judío: el llamado "foetor judaicus", el cual, según mi punto de vista, se basa más en perjuicios personales que en hechos objetivos. Es muy posible que mucha gente no logre reconocerlos por la medida del cráneo o por su pigmentación, al igual que ocurre con los eslavos o ciertos nórdicos, tan rubios y ellos pero con un gran porcentaje de ascendencia genética mongoloide; ya que a raíz de la pérdida de la diversidad genética, derivada de las uniones inter-raciales, el deterioro del fenotipo racial característico de cada pueblo se ha hecho más que evidente. Además hay que tener en cuenta que el fenotipo racial semita no es privativo del pueblo judío, sino que es compartidos por otros pueblos: armenios, árabes, etc.

El elemento judío es una entidad racial homogénea parcialmente reconocible. Dentro del pueblo judío existen tres variantes sub-étnicas diferenciadas, derivadas de la división geográfica del pueblo hebreo durante la etapa de la Diáspora:

Los Askenazi: Son los judíos provenientes de centro Europa y de la Europa del Este (Polonia, Rusia, Ucrania...), los cuales participaron activamente en la fundación del estado de Israel. Su idioma es el yiddish (un dialecto germano con influencia hebrea y eslava) y siguen la doctrina mitzvot de las escuelas rabínicas de Israel.

Los Sefardíes: Es el nombre dado a los judíos que habitaban en España y Portugal, pero también en algunas zonas de Turquía, norte de Marruecos, Francia, Italia, los Balcanes, Holanda, Grecia e Inglaterra. Suponen el 60% de la población Judía mundial. El idioma de los sefardíes es una tradicional lengua vernácula llamada ladino y practican el ritual de la tradición babilónica.

Los Mizrajim o *edotha hamizraj:* Es el nombre dado a las comunidades judías que emigraron a Oriente Medio, en especial a Yemen, Iraq y Persia. Siguen las interpretaciones de las escuelas rabínicas de Babilonia y su lengua en muchas ocasiones es el árabe.

Tanto los Askenazi como los Sefardíes o los Mizrajim comparten un perfil genético común, a pesar de proceder de distintas regiones geográficas. Con una nueva técnica científica basada en el estudio del cromosoma Y, los biólogos han podido comparar genéticamente las poblaciones judías surgidas a partir de la Diáspora, que comenzó en el año 586 a.C. aproximadamente, con las comunidades judías actuales residentes en Europa, los EEUU y el Oriente Medio. Diversas investigaciones señalan como las diferentes comunidades judías comparten un origen geográfico común, pero que debido a diversos factores externos: matrimonios mixtos, violaciones, conversiones,..., el patrón genético ha variado dependiendo del origen geográfico de la comunidad judía que se evalúe. Sabiendo esto: ¿podemos afirmar que la población judía actual desciende de los llamados "Patriarcas" del pueblo de Israel?

La ley hebrea declara que la afiliación judía es determinada por el linaje maternal, entonces el estudio del cromosoma Y dirige la pregunta sobre cuántos hombres no judíos pudieron haber contribuido a la diversidad genética judía. Este hecho puede observarse en la comunidad Askenazi actual, que a pesar de proceder de la zona de Europa del este, su contenido genético todavía se asemeja, con diferentes matices, a causa de los matrimonios inter-raciales entre los judíos de la Diáspora y la población nativa de las naciones en las que se asentaron; al de otras comunidades judías. Diversas investigaciones realizadas sobre la continuidad del patrón genético en los haplogrupos de origen paterno de la población Askenazi, respaldan la teoría acerca de los orígenes de esta comunidad dentro del territorio del antiguo reino de Khazaria.

El estudio de los haplogrupos sirve para mostrar como las diversas poblaciones raciales se han ido desplazando sobre la tierra a lo largo de la historia. Los haplogrupos (del griego haplo = perteneciente al árbol), designan las posiciones específicas en un cromosoma. En genética se utiliza el cromosoma Y para investigar los haplogrupos por la línea paterna y el ADN mitocondrial para analizar el linaje materno. Para determinar el haplogrupo se utilizan los SNPs. Los SNPs (Single Nucleotide Polymorphism) son variaciones de pares de bases individuales en una cadena de ADN. Aproximadamente un 90% de todas las variaciones genéticas se basan en SNPs. En este tipo de análisis es posible rastrear las ramificaciones de los haplogrupos y sus subgrupos desde su origen primario, estudiando la totalidad de las marcas genéticas que son características de cada grupo de individuos de una raza o etnia determinada.

El haplogrupo semita original es el F, dividido con el paso del tiempo en I, J y G. El cromosoma Y de los Levitas cohen o sacerdotes judíos, contiene un haplogrupo específico: el NRY diferente al resto de los judíos. A pesar de la lejanía geográfica actual, el ADN mitocondrial de los judíos askenazi es clasificado como procedente de Oriente Medio. Los tipos de ADN mt más comunes dentro de la población askenazi son: N1b, H, J, K, L2, pre HV, U7, M1, U1B (*).Un 32% del ADN mt de parte de la población de judíos askenazis es K (creado a partir de la última división de U, ocurrida entre el norte de Israel y el Líbano). También poseen un 25% del ADN mt con el tipo E3b (resultante de las conversiones etíopes), un 10% del N1b (derivado de una secuencia de mutaciones), un 21% de H (del cual el 7% es H ancestral) y un porcentaje del J1 que varia del 7% al 30% dependiendo de su origen geográfico y de su división étnica.

Sea como fuere, el judío siempre ha comprendido que el factor racial es el nexo de unión entre los diferentes núcleos de población hebrea a lo largo del globo y que gracias a la consanguinidad entre sus individuos, ha conseguido mantenerse unido a lo largo de la historia hasta nuestros días sin haber perdido su identidad genética durante la Diáspora.

Porcentaje de los haplogrupos seleccionados en el cromosoma Y a nivel europeo excepto Turquía (*)_(estudio realizado por la guía europea de ADN)

J1- Haplogrupo semitico (judío, árabe…)
J2- Haplogrupo mesopotámico, Minoan (Isla de Creta, Edad de

Bronce), Griego, Fenicio.

T- Egipcio, Etíope, Árabe.

E3b- Norte y Este de África, Oriente y los Balcanes.

Haplogrupos Neolíticos procedentes del este

Región	J2	J1	T (K2)	E3B
Albania	24.5	3.5	0	22
Austria	12	0	1	9
Bielorrusia	1.5	0	1.5	9
Bélgica	5	1	1	4
Bulgaria	17	0	1	12
Croacia	3.5	0	1.5	6
Rep.Checa	6	0	1	6
Dinamarca	3	0	0	2,5
Inglaterra	3.5	0	0.5	2,5
Estonia	1	0	3.5	2,5
Finlandia	0	0	0	1
Francia	7	0	1	7
Alemania (*1)	4,5	0	1	5,5
Centro de Alemania	2	0	1	7,5
Norte de Alemania	4	0.5	1	2,5

Oeste de Alemania	5	0	1.5	8
Sur de Alemania	5.5	1	1.5	7,5
Grecia	25	2	3	27
Hungría	7	0	1	9,5
Islandia	0	0	0	0
Irlanda	1.5	0	0	2
Italia (2*)	18	2	4	11
Norte de Italia	11.5	0.5	4.5	10
Centro de Italia	19.5	2	3.5	18
Sur de Italia	23.5	5	5.5	18
Sicilia	26.5	4	6	17,5
Sardinia	10	2.5	1.5	10
Letonia	0.5	0	0.5	0,5
Lituania	0	0	0.5	1
Holanda	6	0	1	4,5
Noruego	1	0	0.5	1
Polonia	1	1	0	3,5
Portugal	8	3	2	12,5
Rumanía	24	0	2	6
Rusia	3	0	1.5	2,5
Serbia	10	1	7	24
Eslovaquia	4	0	1	11
España(3*)	4	0	1	6
Ucrania	10	0	2	8

Turquía(4*)	21	11.5	2	11
Suiza	6	0	0.5	9
Wales	1.5	0	1	2
Suecia	1	0	0	1

(*) Las cifras expuestas son sólo indicativas, siendo aproximaciones reales ya que varios números han sido redondeados menos de un 0.5 % dependiendo del resultado final de los estudios. Las frecuencias inferiores al 0.25 % han sido indicadas como el 0 %.

(1*) División alemana: El Norte Alemania incluye el Schleswig-Holstein, Sajonia Inferior (más Hamburgo y Bremen) y Pomerania Mecklenburg-occidental. Alemania Occidental es Renania, Hesse y Saarland. El Sur Alemania es el Baden-Württemberg y Baviera. Alemania Oriental es compuesta de Brandemburgo, Berlín, Sajonia-Anhalt, Sajonia y Turingia.

(2*) División italiana: El Norte Italia es todo hasta Liguria y Emilia-Romagna; Italia central comprende Toscana, Marche, Umbria, Latium y Abruzzo. El Sur Italia es todo lo demás al sur, excepto Cerdeña y Sicilia, que ha sido hecha en categorías separadas debido a su historia específica y el aislamiento relativo geográfico. Fuentes para la interrupción italiana regional.

(3*) Los datos para España son una aproximación parcial debido a la falta de homogeneidad racial dentro de su territorio, ocasionada por los orígenes diversos (casi siempre dentro del marco de los pueblos indoeuropeos aunque con alguna variante) de su población.

(4*) Turquía es el único país que incluye un porcentaje importante de haplogrupos asiáticos y africanos no catalogados en esta tabla (A, ExE1b1b, C, la H, la L, la O, R2) que representan el 8.5 % del total.

—LOS ORÍGENES DESCONOCIDOS DEL PUEBLO JUDÍO

- ## Los Khazares

La cronología histórica del pueblo judío es extensísima, como consecuencia de que su presencia virtual se ha mantenido a lo largo de la historia, incluso tras ser expulsados de las naciones que les dieron acogida. Existe una curiosa teoría que comenta que mil años antes del establecimiento del estado moderno de Israel, existió un reino judío en las franjas orientales de Europa llamado, supuestamente, el reino de Khazaria. Los orígenes del pueblo Khazar se pierden en las brumas del tiempo. Algunos historiadores afirman que los Khazar eran una confederación de tribus turcas provenientes del Asia central, que en la segunda mitad del siglo VI crearon un importante imperio comercial. También existe otra teoría que nos comenta que en realidad el pueblo Khazar estuvo bajo dominio del Imperio Turco Occidental de los Kok Turks desde el 550 a. C. hasta el 630 d. C., año en el que consiguieron lograr su independencia tras una larga guerra civil dentro del imperio. En su mayor periodo de apogeo el imperio Khazar abarcaba la península de Crimea, el sur de Ucrania (llegando hasta Kiev), el norte del Cáucaso, Kazakstán y el noroeste de Uzbekistán.

Durante el siglo VII, en la actual zona de Georgia, refugiados judíos de Bizancio, Persia, Mesopotamia y otras regiones del mundo antiguo, inundaron las fronteras del reino Khazar trayendo consigo su religión monoteísta. Esta nueva fe atrajo a las clases altas de la sociedad Khazar y sobre el año 740 d. C, el rey Bulán de Khazaria se convirtió al judaísmo, hecho relatado por el rabino Iehudá Ha-Levi en su libro El Kuzari, y con él la población de Khazar.

La leyenda cuenta que el rey Bulán convocó bajo su presencia a un obispo, un imán y un rabino y les pregunto:

—"¿Cuál de vuestras tres religiones (la cristiana, la musulmana o la judía) está en el origen de las otras dos?"

Al oír las respuestas, el rey Bulán se convenció de que el cristianismo y el islam provenían del judaísmo y decidió adoptarlo como la religión oficial de Khazaria abrazando los preceptos de la Torá: abluciones rituales, prohibición de trabajar en el Sabbat, la práctica de la circuncisión,... Tras la muerte de Bulán su nieto, el rey Yosef Ovadia, pasó a sucederle en el trono, extendiendo las fronteras del imperio y trayendo a numerosos rabinos de la Diáspora para que consolidaran al judaísmo como la única religión de todo Khazaria. Durante el reinado de Yosef Ovadia el elemento judío prosperó dentro de la corte, alcanzando puestos relevantes en la administración del reino, dando lugar a la creación del primer estado judío de corte colonial. Tras la muerte de Yosef, la gran mayoría de los sucesores al trono pertenecieron al pueblo judío: el rey Januca, el rey Isaac, el rey Arón, el rey Benjamín,... A raíz del dominio judeo-político en Khazaria, la corte Suprema de Justicia fue constituida por 7 miembros encargados de juzgar bajo los preceptos de la Torá, también se fomentó la construcción de sinagogas y se adaptaron los símbolos hebreos en los uniformes militares de las tropas del reino.

La decadencia del reino y de la sociedad Khazar en general llegaría con su expulsión de la región caucásica, tras ser vencidos por los persas. Durante el siglo X la alianza político-militar surgida entre la creciente nación rusa y Bizancio, hostigó con diversas guerras al pueblo Khazar, lo que les obligó a trasladar por tres veces la capital del reino: Balanjar, Samamdar, hasta que finalmente el último emplazamiento donde habían construido su última capital: Ilit (fundada sobre una Isla en el río Volga), fue destruido. A pesar de esta gran derrota, el pueblo Khazar siguió existiendo bajo la sombra de la amenaza constante. A causa de su debilidad política y militar su sociedad degeneró rápidamente, hasta que en el siglo XIII con la entrada en la escena internacional de Genghis Khan, la presencia Khazar en la zona fue borrada por completo.

El destino final de la población Khazar todavía está revestido con un aura de misterio. Algunas investigaciones apuntan que tras la caída del reino de Khazaría, en manos de mongoles y rusos, su población emigró a las naciones de Europa del Este, dando lugar a la conocida etnia judía de los Askenazi. Otros historiadores han especulado con la posibilidad de que los judíos de las montañas del cáucaso oriental desciendan en parte del pueblo Khazar. También se comenta que varios grupos turcos que viven actualmente en el norte del Cáucaso, podrían descender de los antiguos Khazares que adoptaron el Islam. Sea como fuere, el pueblo Khazar yace sumergido en las nieblas del olvido al igual que su historia.

• Los Tiao Kiu Kiaou: los judíos de Oriente

Dentro del ámbito histórico, existen diversas teorías acerca del origen de la comunidad judía en China. Ciertos escritos bíblicos señalan que las migraciones judías hacia territorio asiático se corresponden en el tiempo con la época del mandato babilónico. Este hecho marca un hito dentro de la historia de la civilización judía, ya que a pesar de encontrarse aislados de cualquier contacto exterior con el resto de judíos en la Diáspora, los Tiao Kiu Kiaou lograron mantener vivos los principios morales y éticos del judaísmo, aislándose cultural y étnicamente del resto de los individuos de la comunidad china.

Los llamados judíos asiáticos, procedentes lo más probable de la región de Khazaria, se asentaron principalmente en la ciudad de Kaifeng, en la provincia de Henan, durante el periodo de la dinastía Song. Existe también otra vertiente teórica acerca de la procedencia geográfica de los Tiao Kiu Kiaou en la cual se menciona que llegaron desde la India durante la dinastía Han hacia la región de Gansu.

Los judíos de Kaifeng se referían a sí mismos como los Youtai de Judá, mientras que para el resto de la población asiática eran conocidos como los Tiao Kiu Kiaou o siervos de la religión que quita el tendón (Kashrut). Este nombre propio que caracterizó a los judíos asiáticos, indica una gran antigüedad. El Kashrut consiste en una serie de preceptos alimenticios prescritos por la Torá y regidos por el código legal judío: "Shujlan Aruj", en los cuales se detalla que tipo de alimentos son permitidos según la doctrina judaica (Kasher) y cuáles no por impuros (Taref).

Durante la rebelión de los Tai-ping, la población judeo-asiática abandonó la ciudad de Kaifeng, este hecho sumió a la sociedad de los Tiao Kiu Kiaou en la miseria, aunque tras su regreso reconstruyeron la sinagoga de la ciudad. Los matrimonios inter-étnicos entre los Tiao Kiu Kiaou y las diferentes etnias chinas (Han, Hui,..) durante el siglo XVII, precipitaron la decadencia de la sociedad Tiao.

La historia civil, militar y religiosa de los Tiao Kiu Kiaou aparece detallada en tres estelas con diversas inscripciones. La más antigua de todas relata hechos cotidianos como la construcción de una sinagoga en 1163 o la mención de los apellidos de los judíos que se reunieron con el emperador tras su llegada a China. La segunda tablilla detalla las prácticas religiosas judías, mientras que la tercera tablilla además de conmemorar la reconstrucción de la sinagoga, refuta la información contenida en las dos estelas anteriores.

Resulta sorprendente observar el hecho de que la mayor parte de la comunidad judía en la Diáspora, no tuviera conocimiento alguno acerca de la existencia en territorio chino de la comunidad judía de los Tiao Kiu Kiaou. No fue hasta que en el siglo XVII varios misioneros católicos que tuvieron contacto con ellos, informaron tras su regreso a Europa, de la existencia en territorio chino de una etnia diferenciada con rasgos orientales pero de ascendencia judía.

En la actualidad, no existe un censo oficial que contabilice el número de individuos pertenecientes a la etnia Tiao Kiu Kiaou. El tenso clima político que se respira en la sociedad China hace que los Tiao Kiu Kiaou renieguen de sus orígenes hebreos y se hagan pasar por ciudadanos de la etnia mayoritaria del país: los Han. La persecución a la que se ven sometidos por parte de la etnia turcomana de los Uigur, les obliga a ello. La hostilidad de la sociedad Uigur hacia los componentes de la etnia Tiao, deriva del hecho de que la etnia Uigur profesa la fe islámica, lo cual hace que los pogromos contra la etnia Tiao Kiu Kiaou sean algo habitual. A pesar de todo, la existencia de este grupo étnico racialmente diferenciado de la etnia Han durante más de 700 años, demuestra la capacidad adquirida por el ente judío durante la Diáspora, para adaptarse a los cambios políticos y geográficos sin perder por completo su homogeneidad racial y cultural.

—Política racial en Israel: ¿Conflicto demográfico o apartheid?

Con el aumento de la población árabe en territorio judío (suponen en la actualidad más de un 20%), el gobierno israelí fomentó el retorno de los judíos que aun vivían en los territorios de la extinta URSS (ley de retorno), favoreciendo su llegada mediante la aplicación de políticas claramente discriminatorias en contra de la población palestina y cristiana, respecto a la distribución de los terrenos públicos, argumentando que el territorio palestino pertenecía legítimamente al pueblo judío de Israel. El problema surgió cuando la mayoría de los que retornaban a Israel lo hacían casados con una persona no judía (gentil).

Debido a las leyes que rigen en el estado de Israel, el cónyuge no judío no podía traer consigo a territorio israelí a su hijo/a si este no había entrado junto a ellos en el país. Al igual que le ocurre a muchos palestinos y "cristianos", las leyes racistas y discriminatorias dictaminadas desde el parlamento israelí, impiden que cualquier ciudadano sin ascendencia hebrea tenga el mismo estatus y los mismos derechos legales que los ciudadanos judíos. Esta situación tan anómala dentro de un régimen seudo-democrático, es consecuencia del papel fundamental que juega la tradición religiosa hebrea y en especial el movimiento sionista internacional, a la hora de determinar las leyes del estado israelí. La ley de nacionalidad aprobada en 1951 y validada en el parlamento israelí en 1952, solo contempla conceder la nacionalidad israelí en los siguientes supuestos:

—A los judíos retornados nacidos antes de la fundación del estado de Israel, excepto a los judíos mesiánicos (No confundir con el mesianismo supremacista del movimiento sionista judío, ya que los judíos mesiánicos practican los dogmas de fe del judaísmo ortodoxo, pero sin embargo aceptan a la figura de Jesucristo de Nazaret como la del Mesías o Yeshua ישוע . Ninguna de las corrientes del judaísmo, desde los ultra-ortodoxos hasta los reformistas, consideran al judaísmo mesiánico como una forma de judaísmo, debido a ello, los judíos mesiánicos no son considerados como judíos para las leyes del Estado de Israel).

—A cualquier judío retornado después de la fundación del estado de Israel, excepto a los judíos mesiánicos.

—A cualquier judío nacido en Israel después de su fundación, excepto a los judíos mesiánicos.

Rechazando a todo aquel que:

—No perteneciera a la etnia judía ("gentiles" y árabes) antes de la aplicación de esta ley.

—A cualquier palestino residente antes de la fundación de Israel.

Podemos afirmar que el racismo de estado practicado por las autoridades de Israel, es el claro reflejo de las ideas supremacistas que nutren el ideario sionista. Otra sorprendente medida que adoptó el gobierno israelí para contrarrestar el aumento de la población árabe en territorio judío, fue la de adoptar a unos 6.000 indios que decían tener ancestros judíos. Estos indios se creían descendientes de una de las diez tribus perdidas de Israel, que se habían diseminado por el mundo tras la invasión asiria del reino de Israel el año 722 a.C. Tras el envío desde Israel de un grupo de jueces rabínicos para convertir oficialmente a los indios al judaísmo ortodoxo, se les permitió a todos "regresar" a Israel. Esta situación tan anómala es más propia de un régimen teocrático (similar al que se da en los regímenes extremistas de corte islámico), que al de uno democrático basado en los principios del mundo Occidental.

La política discriminatoria practicada por el estado de Israel es peligrosa y extremadamente dañina. Sus criterios raciales, religiosos y étnicos fomentan la institucionalización del apartheid que sufren el pueblo palestino y los cristianos de Israel, ya que:

—Ningún palestino o cristiano puede acceder a ningún cargo institucional ni gubernamental dentro del territorio israelí.

—Los palestinos tienen prohibido el acceso a trabajos en compañías aéreas, industrias eléctricas y centrales nucleares.

—Las industrias contaminantes son ubicadas cerca de los asentamientos palestinos y cristianos, dando lugar a malformaciones, abortos, leucemias,... dentro de la población.

—Las poblaciones palestinas y cristianas sufren una clara discriminación en el reparto de los fondos e infraestructuras para la educación primaria con respecto a la población judía.

—Los barrios cristianos y palestinos son olvidados en lo referente al mantenimiento por parte de las instituciones políticas judías, a pesar de que están obligados a pagar una tasa mayor de impuestos que la población judía.

El racismo colonial practicado por el estado de Israel yace en su propia existencia: la ley de retorno y nacionalidad, la ley de propiedad, la ley de emergencia, la ley de los ausentes,... Todas ellas sirven para confirmar el carácter supremacista y discriminatorio emanado de las leyes que rigen en el estado sionista de Israel. Las contradicciones implícitas en el carácter judío le imposibilitan negar el mesiánico supremacismo que le ha llevado a convertirse en un privilegiado en tierra ajena. Tomemos como ejemplo del mito de la superioridad racial y moral judía de las palabras del escritor hebreo Kadmi-Kohen en su libro "Nómades", que en una clara reflexión sobre el alma del pueblo judío, desvela los entresijos del pensamiento ideológico que nutre los dogmas del ideario colonialista del estado de Israel:

"La sangre que corre por sus venas (las del pueblo judío) ha conservado su fuerza primitiva, y la sucesión de los siglos no hará sino reforzar el valor de la raza...La historia de este pueblo, tal como está consignada en la Biblia, insiste en todo instante en la prohibición de aliarse con extranjeros... Y en nuestros días como hace treinta siglos, la vivacidad de este particularismo de raza se justifica y se mide por la escasez de matrimonios entre judíos y no judíos. El pueblo es una entidad autónoma y autógena, que no depende de un territorio, ni acepta el estatuto real de los países en donde reside. Y es igualmente ese formidable valor así conferido a la raza, el que explica este fenómeno único y exclusivo: de entre todos los pueblos, uno sólo, el pueblo judío, sobreviviéndose a sí mismo, prolonga una existencia paradójica, continúa una dirección ilógica y, para decirlo todo, impone la fulgurante claridad de la unidad, el signo resplandeciente de la eternidad y la supremacía de la idea, a pesar de todos los asaltos, de todas las desmembraciones y de todas persecuciones ordenadas. Un pueblo ha sobrevivido a pesar de todo... Desde la dispersión (Diáspora

o Galut), la historia judía es una paradoja y un reto al buen sentido".

("Nómades" – Essai sur l´áme juive – por KADMI-COHEN, edic. F.

Alcan, 1929, págs. 26. 28, y 58)

No hay que olvidar que el estado sionista israelí rechaza todo tipo de confraternización racial con árabes o con "gentiles", ya que su doctrina agresiva e intransigente, les hace creer en su superioridad racial y moral por haber sido el pueblo elegido por Dios en la tierra. La discriminación racial y cultural es un punto esencial en su plan por alcanzar la hegemonía política y financiera a nivel internacional. Según un informe de la Asociación por los Derechos Civiles de la ONG Monssawa, el 75% de los ciudadanos judíos no estaría dispuesto a vivir en el mismo edificio que un ciudadano árabe, mientras que un 65% declara que no recibiría en su casa a ningún árabe o "gentil". Además el 65% de los judíos apoya la separación racial entre árabes y judíos en los lugares de ocio, y un 60% de los estudiantes judíos creen que los árabes y los "gentiles" no son inteligentes debido a su condición étnica.

En coherencia con la ideología y la práctica sionista derivada de la constitución judía, el Estado de Israel no es el Estado de sus ciudadanos, si no como bien indica su Declaración de Independencia: es el Estado del Pueblo judío. La nacionalidad israelí otorga derechos de ciudadanía, pero sólo la pertenencia racial al pueblo judío permite pertenecer realmente al colectivo soberano. La nueva política migratoria israelí prohíbe la entrada a Israel a todo palestino que se case con un ciudadano/a Israelí, amparándose en la justificación de la lucha contra el terrorismo. El trasfondo real de dichas medidas para frenar la inmigración, es el temor a que dentro de unas décadas los habitantes árabes que habiten en territorio judío representen la mitad de la población de Israel. Debido a ello, el instituto de Política y Estrategia del Herzliya en Israel realizó un informe para el gobierno en el cual marcaba las pautas a seguir para mantener la supremacía política y demográfica de los judíos en Israel. Para evitar una situación en la cual, debido al auge demográfico de los palestinos, la existencia del estado de Israel pueda quedar en entredicho, algunos intelectuales judíos barajan diversas opciones basándose en el tan raido "excepcionalismo" judío, o bien:

— Expulsar a los árabes del Gran Israel histórico, que incluye: Gaza, Cisjordania y parte de los actuales estados árabes.
—Aceptar la creación de un Estado Palestino que garantice el control demográfico de su población dentro de las nuevas fronteras establecidas.

La existencia del estado sionista de Israel contradice los principios básicos de la Carta de las Naciones Unidas o de los Derechos Humanos. La incesante violación de todos los acuerdos internacionales por parte del ente israelí, bajo el vergonzoso amparo de su protector internacional: los EEUU; es una constante. La paz no puede ni debe alcanzarse mediante la utilización de la violencia, y por ello algún día Israel deberá rendir cuentas por los crímenes de guerra cometidos indiscriminadamente para llevar a cabo su plan de limpieza étnica en la región de Oriente Medio.

Sorprende ver que al principal precursor de la inmigración hacia Occidente, le preocupe preservar su supremacía racial dentro de sus fronteras, a la vez que critica a Occidente por no dar acogida a todos los "tchandalas" del planeta. Mientras el gobierno sionista del estado de Israel persigue y condena, a través de sus filiales supranacionales, todo lo referente a la defensa de los valores culturales y raciales de los pueblos indoeuropeos, pone todo tipo de trabas para impedir las resoluciones internacionales que condenen el genocidio que se está cometiendo contra el pueblo palestino en el territorio de Israel.

Como siempre ha sucedido a lo largo de la historia del pueblo judío, este siempre se ha caracterizado por predicar una cosa y realizar su contraria. Los organismos internacionales se han convertido en un refugio para los sionistas y para sus planes de dominación mundial. Desde estos organismos se defiende y fomenta la política del apartheid llevada a cabo por la ejecutiva israelí, condenando a cualquier detractor de la política mesiánica y supremacista judía por antisemita, judeófobo o fundamentalista, lo que les permite bloquear sistemáticamente cualquier tipo de condena oficial, a pesar de que más de un 30% de las resoluciones condenatorias propuestas para salvaguardar el orden y la paz internacional, son emitidas en contra de las acciones llevadas a cabo por el estado de Israel. La propuesta de resolución 3379 de la Asamblea General de la ONU en 1973 apelando por la equiparación del sionismo como una forma más de racismo y exclusión social, es una muestra.

La doble moral judía, tan profundamente arcaica y perjuiciosa, escuda sus crímenes étnicos y religiosos bajo un razonamiento tautológico sobre el antisemitismo, para de esta forma desplazar toda su responsabilidad hacia un ente colectivo, envuelto con el manto del victimismo excepcionalista implícito en el carácter y la historia del pueblo hebreo. Evaluando los acontecimientos actuales, uno llega a plantearse si el estado de Israel conseguirá llevar a buen puerto su estrategia migratoria o más bien se verá desbordado por los acontecimientos. Sobre el futuro marco de convivencia entre el pueblo palestino y el pueblo judío en el territorio de Israel, solo el tiempo nos podrá aclarar las incógnitas que existen en la actualidad.

LA CUESTION HISTÓRICA

"El Santísimo habló así a los israelitas: vosotros me habéis reconocido como el único dominador del mundo y, por eso, yo os haré los únicos dominadores del mundo"
(Chaniga fol. 3 a y 3 b).

Ningún pueblo ha conseguido concentrar tanta expectación y tanta polémica en torno suyo: el famoso plan Kalergi, los Protocolos de Sión, el Holocausto, la Diáspora… El pueblo judío siempre se ha hallado en el epicentro de los grandes cambios y revoluciones sociales que han acaecido en Europa en los últimos siglos, gracias a ello, ha conseguido granjearse un puesto relevante en el ámbito político-financiero internacional.

La falta de un territorio estable en el que poder asentarse y sentir como propio, obligó al judío a vagar errante por el mundo, ha convertirse en un apátrida, a aprovecharse de las naciones y civilizaciones que le brindaron acogida. Esta situación propició que en la psique judía se originara un rechazo nunca visto: "el odio de los "tchandalas". A modo de vendetta, la idea de destruir naciones y fronteras como forma de compensación por una supuesta injusticia histórica cometida contra él (su expulsión de Jerusalén), se transformó en realidad.

De todos es sabido que fue la intervención económica del lobby hebreo, la que ayudó a frenar la expansión de los imperios de Portugal y España (países fervientemente católicos y por ende anti-judíos) por el continente americano; que el pueblo judío apoyó y financió desde su baluarte en Europa (Inglaterra) la piratería ejercida contra los territorios y posesiones de la Corona Española, a modo de revancha tras el decreto de expulsión de la Península; que el judío fue en el pasado principal instigador en la mayoría de las persecuciones religiosas contra los cristianos en el mundo, ... El ferviente carácter anticristiano del judío le ha llevado, tanto en la teoría como en la práctica, a crear movimientos desestabilizadores con el único propósito de destruir la influencia de la cultura cristiana en la sociedad Occidental. Las más grandes y sangrientas revoluciones acontecidas en territorio europeo fueron ideadas y lideradas por el ente judío: la Revolución Francesa, la Masonería, sendas guerras mundiales,..., pero sobre todo merece una triste mención especial, su vástago más sanguinario y prometedor: "El Comunismo", que con más de 100 millones de víctimas a sus espaldas, sigue pervirtiendo la mente y la conciencia de nuestros jóvenes impunemente en pleno siglo XXI, con el beneplácito de las autoridades mundiales. Únicamente conociendo la verdad, se podrá prevenir la desgracia que se ciñe sobre Europa.

–La Diáspora judía: El despotismo del régimen de medianoche

"Allí donde lleguen los judíos deberán convertirse en patrones, y hasta que no logremos el dominio absoluto, debemos considerarnos como exiliados y prisioneros; hasta que no nos hayamos apoderado de todo, no debemos cesar de gritar: ¡Ay, que tormento!, ¡Ay que humillación!".
(Sanhedrin fol. 104, c. 1).

El elemento judío siempre ha despertado en todas las naciones que lo han acogido un sentimiento común de reprobación e indignación. Las costumbres judías, su religión y su poder omnipresente, son motivo de abierta discusión y enfrentamiento, bien sea a favor o en contra. La solapada manifestación del anti-racismo globalizado defendido por el elemento judío, el cual niega a los demás credos religiosos y entidades raciales su razón de ser basándose en sus deseos más oscuros e irrefrenables; es un clara y burda expresión del anti-humanismo más visceral. Uno de los elementos básicos que genera el sentimiento de rechazo hacia el pueblo judío, es el perjuicio del ideario dogmático de éste en contra de los pueblos "gentiles", el cual le lleva a emitir un negativo juicio de valores, fundamentado en su carácter mesiánico. Su manifestación más notable es el odio inter-étnico que se acentúa hacia todo pueblo y gobierno que se niegue a someterse al nuevo orden inquisitorio de los poderes fácticos internacionales. Debido a ello, generalmente las opiniones despectivas hacia el judío han sido y son una constante que lo ha acompañado durante el devenir histórico de su pueblo:

- **Lucio Cornelio**: *los judíos son gente despreciable y vil "TAETERRIMA GENS"*
- **San Agustín de Hipona citando la opinión de Séneca respecto a las costumbres judías**: *"Han cundido y prevalecido tanto las costumbres y métodos de vivir de esta malvada nación (Israel), que están ya recibidos por todas las provincias de la Tierra, y siendo ellos los vencidos, han dado leyes a los vencedores". (San Agustín en "La Ciudad de Dios", libro IV, cap, XI, p. 395 del tomo I, año 1913)*
- **Ammiano Marcelino**: *los judíos son gente que hiede y apesta en cuanto al cuerpo e intrigantes siempre en el mundo del espíritu: "FOETENTIUM JUDAEORUM ET TUMULTUANTIUM".*
- **Fedor Dostoievski**: *"Cuando este hombre nos visitó, todos comprendimos que no era de nuestro mundo. No es porque se presentara a nosotros recién salido del peluquero, y tampoco porque tuviese prisa en pregonar sus ideas, sino porque era un espía, un especulador; porque era un judío. Los judíos han irrumpido, procedentes nadie sabe de dónde. Unos esconden el dinero y el resto se abandona al libertinaje.*
- **Pedro el Grande**: *"Ud. conoce, mi querido Witsen, el carácter y costumbres de los judíos. Ud. también conoce a los rusos. Yo también los conozco a ambos y créame: el tiempo aún no ha llegado para unir a estos dos pueblos". ('Historias de Pedro el Grande' de A. Nartov).*
- **Dante Alighieri**: *"Sed cristianos, más graves en vuestros*

movimientos. Sed hombres y no ovejas locas, de manera que el judío entre vosotros no ría de vosotros". ("La Divina Comedia".)

- **Marco Tulio Cicerón**: Llegamos ahora al asunto del oro de los judíos y esa imputación tan odiosa. Es por causa de esta concreta acusación por lo que habéis buscado este local, Laelius (el acusador) y esta muchedumbre de judíos que nos rodean. Conocéis su número, su unión y su poder en nuestras asambleas. Hablaré bajo para no ser oído sino por los jueces. Como no faltan individuos entre esos que actúan contra mí y contra los mejores ciudadanos que protegéis, no quiero proveer aquí de nuevas armas a su maldad. Había sabiduría (en Flaccus) en acabar con una bárbara superstición (judía) y firmeza en barrer, por el bien de la república, a esta multitud de judíos, que turban nuestras asambleas.

- **Ralph Waldo Emerson**: "El sufrimiento, que es el escudo del judío, lo ha convertido en estos días en el amo de los amos del planeta." ('El Destino, un ensayo', Boston, 1861)

- **Nicolás I Zar de Rusia**: "La ruina de los campesinos en estas provincias son los judíos. Son inmensas sanguijuelas chupando a estas desafortunadas provincias, al punto de agotamiento."

- **Justiniano**: "los judíos no deberían gozar de honores. Su status debe reflejar la bajeza que en su corazón han elegido y deseado."

- **Sir Richard Francis Burton**: "El judío no come el pan con el sudor de su rostro, sino con el sudor del rostro de su prójimo."

Al evaluar la historia del pueblo judío, podemos observar que esta se ha caracterizado por grandes movimientos migratorios continuos: Diáspora, alentados por diversas razones: guerras, esclavitud, hambrunas, cambio medioambientales,... El término Diáspora proviene del vocablo griego "διασπορά", que significa diseminación y hace referencia a la dispersión voluntaria o forzada, de grupos étnicos o religiosos que abandonan su lugar de procedencia para establecerse fuera de él. Este término ha sido monopolizado por la historia hebrea, ya que normalmente se utiliza para referirse al exilio del pueblo judío fuera de la Tierra de Israel. Durante la travesía de la Diáspora, la marea "mesiánica" judía se extendió por todos los rincones de las naciones o imperios que les dieron acogida. Pero:

¿cuándo y cómo comenzó la dispersión del pueblo judío por el mundo?

Según la tradición hebrea, los judíos que vivían fuera de Israel se consideraban a sí mismos exiliados (galut). Ateniéndonos a los datos históricos, la primera etapa de la Diáspora hebrea comenzó con la expulsión de los judíos del territorio palestino de Judá, después de la conquista del rey babilónico Nabucodonosor en el año 586 a.C. Tras la anexión de Jerusalén, Nabucodonosor mandó destruir el templo y ordenó trasladar a la gran mayoría de la población judía a Babilonia. Este hecho traumático en la historia del pueblo judío marcó su identidad espiritual y racial, forjando su deseo de regresar a la "Tierra Prometida":

"Si me olvidara de ti, oh Jerusalén, mi diestra sea olvidada. Mi lengua
se pegue a mi paladar, si no ensalzare a Jerusalén como preferente

asunto de mi alegría."

(Salmos 137:5-6).

Las deportaciones en masa ocasionaron la pérdida de la independencia del pueblo judío y de sus esperanzas sobre la propia existencia misma. La Diáspora fue para ellos un castigo divino, mediante el cual Dios pretendía la purificación del pueblo "elegido" a través de la expiación de sus culpas pasadas. El destierro, la represión, la perdida de bienes, los asesinatos en masa,...; todo ello serviría para renovar interiormente a la comunidad judía, para que gracias a la penitencia divina, Yahvé les concediera la gloria sobre el resto de pueblos y naciones. A raíz de esta nueva creencia surgió dentro del pueblo judío un elemento aglutinador, encarnado en la figura de los rabí o profetas divinos. Los rabí representaban el papel de mensajeros de Yahvé en la tierra, denunciando la falta de fe que pudiera dar pie a la intromisión de elementos racialmente ajenos dentro de la comunidad judía.

La conquista de Jerusalén por orden del rey Persa Ciro a los babilónicos (538 a. C.), dio pie a un gran periodo migratorio por parte del pueblo judío (sacerdotes, levitas, esclavos, campesinos...) hacia el territorio que ocupa el actual estado de Israel. Tras establecerse de nuevo en él, se inició la reedificación de los muros que rodeaban la ciudad de Jerusalén (en contra de lo dictaminado por los líderes persas) y se creó una Gran Asamblea (Knéset Haguedolá) para que cumpliera el papel de principal ente político-religioso y judicial dentro del ámbito particular del pueblo judío.

Pero el dominio persa no sería definitivo. En el año 333 a. C. Alejandro Magno conquistó el territorio de Judea y a quienes se encontraban bajo el dominio Persa, enviando a un numeroso contingente de prisioneros de guerra a territorio egipcio y cirenaico. Los judíos deportados adoptaron el griego como lengua propia, muchos de sus líderes político-religiosos entraron en contacto directo con la cultura y la filosofía helenística, lo que facilitó la emigración judía a los territorios de Frigia, Bitinia, Cilicia, Macedonia y Grecia. Los intentos de Alejandro y de sus sucesores por modernizar la arcaica organización teocrática judía, ocasionaron que los principales líderes hebreos se alzaran en contra del gobierno heleno en el año 166 a. C., consiguiendo sorprendentemente, consolidar el dominio judío de la zona.

La conquista romana del territorio de Judea, daría lugar al comienzo del segundo exilio del pueblo judío, ya que sus principales líderes político-religiosos organizarían un proceso revolucionario que causaría estragos inconcebibles. Su previsible desenlace (por aquel entonces Roma era la mayor potencia militar jamás vista), acarrearía que el símbolo por excelencia de la fe judía fuera destruido por completo y que la gran mayoría de su población tuviera que padecer un futuro incierto, a causa del fanatismo dogmático de sus dirigentes. Es durante la etapa del dominio romano de Judea, cuando se produce la más infame de todas las tropelías cometidas por el judío a lo largo de la historia, me refiero al proceso que sirvió para condenar a Cristo a muerte. En los anales de la historia universal, hay pocos ejemplos que representen de una forma tan dramática y expresiva, la crueldad y el sadismo de las autoridades judías a la hora de defender sus intereses político-económicos. La única estrategia real de los líderes rabís del Sanedrín durante el proceso contra Cristo, fue la del agravio permanente al sistema de libertades (entendido desde el punto de vista actual). El proceso en cuestión y la consiguiente condena a muerte emitida por los tribunales romanos, representó un atropello por parte de la oligarquía económico-religiosa del Sanedrín a la libertad de culto y expresión. Los enemigos de Cristo habían decidido ya de antemano su condena a muerte, en un siniestro rito jurídico de culto a la masacre:

"Nosotros tenemos una ley, y según esa ley Jesús debe de morir porque ha pretendido ser el Hijo de Dios"
(Sanedrín a Poncio Pilatos).

La imputación de blasfemia no fue más que una vil excusa, en realidad lo que verdaderamente se procuraba con dicha condena, era la preservación del sistema de organización económico, político, social y civil del movimiento supremacista judío, que por aquel entonces comenzaba a reafirmarse ensalzando y canonizando su crueldad extrema. Pese a no gozar en aquella época de los privilegios político-económicos actuales, los judíos supieron utilizar bien sus cartas para condenar injustamente a un hombre inocente. Su formidable hipocresía a la hora de contagiar al pueblo de su atmósfera de misticismo vengativo, a través de la apología pública del delito, legitimando el crimen cometido con el fin de justificar los crímenes que aún les quedaban por cometer; abrió la veda para defender la opresión actual que sufre el pueblo palestino.

Después de la destrucción por parte de Roma del Templo de Jerusalén, a modo de represalia tras sofocar un levantamiento en el territorio de Judea (tras lo cual se le prohibió al Sanedrín emitir sentencias a muerte) en el año 70 d.C; siguiendo las órdenes del general Tito, muchos prisioneros de guerra judíos fueron enviados a Italia, produciéndose así un gran éxodo de población judía desde Jerusalén hacia tierras europeas. La gran pérdida que supuso para el pueblo judío la destrucción del Templo de Jerusalén y sin el marco unificador de un estado, les obligó a adaptar la ley político-religiosa hebrea en un esfuerzo para transmitirla de generación en generación.

En cualquier lugar del Imperio donde se hallasen, la población judía generaba un sentimiento uniforme de rechazo y repulsión, motivado quizás, por la escandalosa explotación económica de la que hacían uso los potentados hebreos, con el fin de aumentar sus fortunas a través de la explotación de los pueblos gentiles. A modo de ilustración conviene reseñar la actitud tomada por los judíos en tiempos del emperador Tiberio, respecto al fraude de las ofrendas al Templo de Jerusalén, motivo que ocasionó su expulsión temporal de la capital romana. En pleno corazón del Imperio, los judíos (ávidos de goce y fortuna) se entregaban abiertamente a las intrigas, a las conspiraciones y a los escándalos amorosos, sin tolerar cualquier tipo de crítica o reprimenda por su vergonzoso y desleal comportamiento. La sociedad romana en general, veía en el judío un pueblo corrompido de conspiradores mesiánicos.

Según transcurrían los años bajo el dominio del Imperio Romano, las insurrecciones de las comunidades judías en la Diáspora se volvieron cada vez más constantes y numerosas, pese a los gestos que abogaban por la reconciliación, como el del emperador Nerva (sucesor de Domiciano) anulando el *"fiscus iudaicus"*. Trajano tuvo que reprimir con todo su poder las revueltas judías de los años 115-117 en la ciudad de Alejandría, iniciadas por el elemento hebreo con el fin de masacrar a la población cristiana de la ciudad y solo gracias a la intervención de Roma, se consiguió devolver la paz y la seguridad a las calles de la misma. A diferencia de lo ocurrido en la ciudad de Alejandría, en Chipre los judíos masacraron a toda la población civil de origen "gentil" tras iniciar una revuelta. A raíz de las diversas rebeliones semitas, la espiral de odio y enfrentamiento se hizo cada vez mayor por todo el imperio entre la población romana y los judíos. Durante este periodo, las matanzas indiscriminadas por parte de los judíos en contra de la población "gentil" se hicieron constantes, hasta que el emperador Adriano, cansado de la actitud tomada por los conspiradores judíos, envió a su general Julio Severo para sofocar los levantamientos. Para ello tomó Jerusalén en el año 135, logrando terminar así con los últimos núcleos de insurrección judía. Acabada la contienda, el emperador Adriano, estando completamente decidido a librarse definitivamente de la problemática judía y de su influencia perniciosa en la alta sociedad romana, decretó su expulsión en masa, repartiendo a su población a lo largo y ancho del Imperio, pensando que serían absorbidos y asimilados entre las naciones de acogida (lo cual nunca llegaría a suceder por completo), como lo habían sido los anteriores pueblos conquistados: fenicios, cartagineses,...

Tras diseminarse por todo el continente europeo y con el Imperio Romano ya en decadencia, el nocivo misticismo judío se extendió como la pólvora entre la alta sociedad de las naciones que le dieron acogida: Francia, Alemania, Inglaterra, España, Europa Oriental... Sus mesiánicos delirios imperialistas como supuesto pueblo elegido, dieron lugar a comportamientos racistas y segregacionistas en contra de la población autóctona, lo cual ocasionó el aislamiento social del elemento judío, fomentando su fama de usurero y su mesianismo idolatra. Con la llegada del Islam, los judíos de África del norte se trasladaron al oeste, llegando a la península Ibérica (Mataró, Tarragona, Málaga, Mérida,...). Es durante esta etapa de la historia, donde tras su polémica expulsión de la península, fomentaron la leyenda negra que acompaño a España durante siglos, y que aun hoy en día perdura.

Al estudiar la trayectoria histórica seguida por el elemento hebreo durante su periplo por tierras peninsulares, es imposible evitar que salga a coalición los términos usura al referirse. Antes de su expulsión, la minoría oligárquica judía se había adueñado, gracias a su papel principal como financieros de la corte, de los puestos más relevantes a nivel político-financiero (prestamistas, recaudadores de impuestos, juristas...), ganándose con ello el odio del pueblo. Mientras la élite judía vivía en la opulencia, el pueblo llano se encontraba en la más absoluta miseria. Las prácticas financieras judías chocaban contra las convicciones teológicas de la sociedad medieval (tanto cristiana como musulmana) de la península:

"el dinero es un ente estéril creado por el hombre para el intercambio, y por lo tanto, cobrar intereses abusivos por el préstamo del mismo, equivale a cobrar dos veces en una misma transacción (capitalismo), haciéndose dueños así de algo que no les pertenece"

En contraposición al pensamiento social de la Iglesia Católica, la moral nacida de los dogmas mesiánicos, "animó" al elemento judío a aprovecharse del mal del prójimo para aumentar sus ganancias. Reinterpretaron su doctrina religiosa para adaptarla a sus intereses mercantiles, bajo el falso pretexto de que todo hombre debía prestar con ciertas garantías, por ello el judío defendía que la práctica de la usura en todo tipo de transacciones financieras aseguraba el cobro de las mismas. No hay que olvidar que el Talmud solo condena la práctica de la usura cuando se ejerce contra otro judío, mientras que el ejercicio de la usura en el ámbito mercantil contra un gentil, es totalmente lícito:

"Dios ha ordenado practicar la usura con los no judíos y prestarles dinero solamente cuando paguen intereses, de manera tal que

nosotros jamás les demos ayuda, creándose toda clase de dificultades,

aún cuando nos sean útiles y nos presten favores..."

(Maimonides, s. n. con).

No hay que obviar el hecho de que la élite financiera judía controlaba los dos tercios de los impuestos indirectos y de los derechos aduaneros de fronteras y puertos ibéricos, lo que ayudó a generar el clima de animadversión general que sirvió para su expulsión. La insaciable avaricia de algunos prestamistas estaba empujando hacia el caos moral y económico a la sociedad de los reinos peninsulares. Por ello, en el año 1492 los reyes Católicos, cansados de padecer la tiranía monetaria impuesta por un ente ajeno a su cultura, firmaron un decreto mediante el cual quedaba establecido la expulsión de los judíos de los reinos de Castilla y de Aragón. Tras ser declarados como proscritos, muchos de ellos se establecieron en la vecina Portugal, hasta que en el año 1497 el rey luso don Manuel I, decretó también su deportación.

Los judíos no solo fueron desterrados de la zona peninsular. En toda Europa y en gran parte del mundo islámico, se siguió una tónica similar para intentar frenar la tiranía económico-financiera impuesta por los judíos más influyentes. En el año 1290 el rey Eduardo I decretó que los judíos fueran expulsados de territorio ingles y no se les permitió retornar hasta 1655. En Francia el rey Felipe "El Hermoso" procedió con una conducta similar expulsando a los judíos de tierra gala en el año 1306, no obstante aquellos judíos que se habían logrado zafar del destierro fueron nuevamente expulsados en 1394. En Sajonia se les expulsó en el año 1349, en Prusia en 1510, en 1744 fueron proscritos en Bohemia, y en 1745 en Moravia por orden de la emperatriz María Teresa. En Baviera se decretó su expulsión en 1551, en Austria fueron desterrados en 1420 por orden del rey Alberto V, en Orán se decretó su deportación en el año 1688 a raíz de los conflictos inter-étnico-religiosos surgidos entre la población autóctona y los judíos. En Praga se decretó su expulsión en el 1380, aunque la mayoría regresaron 1562 para ser nuevamente expulsados en 1744 por la reina María Teresa. En Bélgica se les deportó en 1370, aunque unos pocos retornaron en el año 1450, pero no fue hasta 1700 cuanto retornó la mayoría. En Italia fueron expulsados del reino de Nápoles y de Sardinia en 1540, aunque en el año 855 el rey Luis II ya había decretado su destierro con anterioridad. En Hungría fueron expulsados en 1360 y los que regresaron del destierro fueron nuevamente deportados en 1582 y en 1890 una gran porcentaje de población judía fue expulsada de Moscú y San Petersburgo.

Ante el futuro incierto que les deparaba su estancia en Europa, los judíos vieron en el continente americano la gran oportunidad de expansión económica que siempre habían anhelado, pese a que hasta entonces el continente americano había pasado desapercibido para la mayor parte de la población judía mundial. Como norma general los judíos que habían decidido instalarse con anterioridad en el continente americano, lo habían hecho aprovechándose del vacío de poder existente en las actuales ex-colonias portuguesas y españolas durante el siglo XVI. La oleada migratoria judía hacia el continente americano alcanzaría su punto álgido a mediados del siglo XIX, durante el cual, miles de judíos (la gran mayoría procedentes de Europa del Este) tuvieron que emigrar "forzosamente", principalmente a territorio argentino y norteamericano, huyendo de la inestabilidad social, política y religiosa que se vivía por aquel entonces en la Europa Oriental.

La capacidad de iniciativa e innovación derivada del sentimiento individualista judío, les permitió acumular enormes riquezas en el nuevo continente. Lograron también afianzarse en los puestos decisivos entre la alta sociedad de la cúpula dirigente, mientras que la población autóctona pasó a engrosar las filas de la clase trabajadora e incluso, debido a los factores sociales adversos, a conformar en las ciudades el llamado "lumpemproletariado". Este tipo de colonización sin colonialismo por parte del elemento judío (inmigración de una comunidad étnica racialmente diferenciada – creación de un sistema de explotación colonizador separado), se hizo especialmente visible en el territorio de Argentina, gracias a la corrupción de las autoridades; las cuales blindaron los privilegios obtenidos por los nuevos colonos judíos a la hora de explotar los recursos naturales. Pero el nuevo sistema político financiero impuesto por el elemento judío para la administración de los recursos de la "Nueva Tierra Prometida", se toparía inevitablemente con opositores a su sistema colonialista, tal como ocurrió en México (al igual que décadas después sucedería en Chile, Perú,...), en donde se les prohibió establecerse económica y socialmente con el fin de preservar la identidad étnica, política y cultural característica de los territorios amerindios. El núcleo central de la colonización cosmopolita judía en América representó una contradicción en sí misma, a raíz de sus pretensiones de explotación económica y su relación con los gobiernos existentes y la población autóctona. Sin la influencia del sionismo internacional y su tutela político-económica, el sistema colonialista judío en América no hubiera logrado consolidarse.

El colonialismo judío encarna, en su más basta expresión, la realización de un movimiento de emancipación supranacional fuera de su contexto político y social, desligándose a su vez de su realidad histórica. La ideología sionista no puede ni debe ser desvinculada del movimiento colonialista judío en el continente americano, ni de su estructura social interna, ni de sus intereses materiales. El papel central de la propiedad privada y el fácil acceso a la tierra, facilitaron la creación de una sociedad de colonizadores alógenos en la que se entremezcló el nacionalismo judío, el mesianismo teológico y los dogmas del capitalismo mercantilista. La segregación económica derivada de la nueva situación mercantil e industrial surgida en territorio americano, fue justificada a partir del periodo post-colonialista judío, mediante la retórica clasista emanada de la ideología internacionalista típica de los aduladores del sionismo internacional hebreo.

En las postrimerías de la Primera Guerra Mundial, el liderazgo judío en Europa continúo basándose en un ideario dogmatico teñido de pretensiones supremacistas, con el propósito de lograr el establecimiento de un nuevo orden internacional, administrado bajo la tutela burocrática de los organismos supranacionales por él controlados. El fulgurante ascenso de los nuevos adalides judíos durante el interludio de las dos Guerras Mundiales, precipitó los acontecimientos en el plano político europeo. La élite internacional judía apoyó la cooperación pragmática con los gobiernos de corte Occidental como base para una futura campaña masiva de recaudación de fondos, los cuales serían invertidos más tarde en la creación del nuevo estado judío. Con el propósito de derrocar al gobierno nacional socialista de Alemania, los judíos lanzaron una campaña de apoyo incondicional (tanto mediático como económico) en favor de los "Aliados" y de sus sátrapas de turno. A raíz de los sucesos acontecidos ante, durante y después de la Segunda Guerra Mundial, nada puede decidirse sin la intermediación del ente supranacional ya conocido por todos: el Sionismo. Con el fin de llevar a la práctica el objetivo principal del judío durante la Diáspora (la creación de un estado propiamente hebreo), el elemento semita antepuso su ideario dogmático colonialista durante la contienda, adoptando una actitud claramente insensible frente al drama vivido por el pueblo europeo.

La nueva élite internacional judía salida tras la Segunda Guerra Mundial, buscó cerrar las brechas existentes entre la realidad social y económica de Occidente y los ideales de libertad prometidos por ella. Para el elemento judío, el liderazgo en la nueva sociedad mercantilista le "obliga" a interpretar las necesidades "objetivas" de los pueblos gentiles y buscar su "liberación" a través de la reeducación de las masas, en función de los intereses geoestratégicos del momento. Realizando un detenido análisis sobre la trayectoria del pueblo judío a lo largo de la historia, observamos un patrón de conducta similar y es que allá donde el judío se establece, se gana la antipatía general del pueblo. Las particularidades históricas del pueblo judío, forjadas a través del paso del tiempo durante la Diáspora, le facilitaron alcanzar finalmente el status legal de ciudadanía y nacionalidad que solo a través de la creación de una patria en el contexto geopolítico (Israel) internacional, podrían obtener.

A pesar del manto de victimismo con el que se recubrieron finalizada la Segunda Guerra Mundial, el judío no ha conseguido borrar su paso por la historia. La historia es algo vivo, al contrario que la memoria colectiva, algo imperecedero, algo eterno que perdura sobre políticos y gobiernos, y por mucho que se la intente hundir en el despreciable cenagal del engaño, la verdad tarde o temprano terminará saliendo a la luz.

–Los Protocolos de Sión y la conspiración internacional judía

"Y el profeta Isaías anuncia que Dios le ha venido a decir a los israelitas que a ellos serán entregados todos los pueblos del mundo y que los gentiles deberán trabajar de modo que los hijos de Israel no toquen ningún trabajo pesado y puedan servir a Dios, únicamente con la oración. Para poder tener tiempo para esta oración, deberán apropiarse de los bienes de los pueblos".
(Mashmia jeshue fol. 89, c. 4).

Nunca antes en la historia de la civilización Occidental se ha visto un derroche mayor de tiempo y dinero, en la descalificación y censura de un documento escrito. ¿Quién o que fue el causante de dicho revuelo en el plano internacional? Debemos agradecer la difusión de dicho documento al monje ruso de origen Suizo Sergei Alexandrovich Nilus (1862-1929). Es de suponer que en los tiempos que corren y gracias a la facilidad que otorgan medios como internet a la hora de acceder a la información, el lector conocerá, aunque sea mínimamente, el contenido de dicho documento. De no ser así, desde mi humilde posición recomendaría encarecidamente a todo aquel lector que habido de conocimientos desee instruirse y conocer más sobre la psique y el pensamiento "judeo-político" mundial, la lectura del mismo. El valor ilustrativo de Los Protocolos es incalculable, ya que en él aparecen trazadas las pautas a seguir por el ente sionista para la dominación mundial.

Dicho documento "supuestamente" fue elaborado en el Primer Congreso Sionista de Basilea (Suiza) en 1897. Muchas incógnitas surgen a la hora de plantearse la fecha y el modo de obtención de dicho documento gráfico. La propaganda de la Mass Media internacional es la causante de todo el revuelo creado acerca del origen de los Protocolos, ya que no ha cesado en su empeño de desacreditarlos valiéndose de todo su poderío económico. Acusaciones tan variopintas como que fueron escritos por la policía secreta zarista en un último intento de control de Rusia por los zares o que fueron elaborados por los antisemitas franceses, acompañaron a los Protocolos a lo largo de la historia. La opción que más se ajusta a la realidad y que por lo tanto menos influida está por la propaganda "oficialista", es la que nos cuenta que los Protocolos vieron la luz por primera vez en Odesa en el año 1889, en la orden franco-masónica secreta de Bene Mosche (Hijos de Moisés), fundada por Achad Han. Tras su distribución a otras logias (especialmente en Francia), una copia incompleta llegó a Rusia, gracias a la corrupción de uno de sus miembros, y tras un periplo no menos accidentado e irregular, terminó en las manos de Sergei Alexandrovich Nilus.

En el mismo momento en que los Protocolos y con ellos los planes de dominación Sionista se dieron a conocer al mundo, una amplia campaña política y judicial se llevó a cabo para desacreditarlos e así impedir o por lo menos reducir su difusión en el plano internacional. La presión política y judicial llegó a su punto más álgido mediante el vergonzoso Proceso de Berna, el cual fue posible gracias a la instigación a nivel internacional de la Liga Comunal Israelí en Suiza y de la comunidad de culto judía en general. Jueces de ideología abiertamente marxista y de pertenencia étnica semita, impedimento de declaración a algunos testigos clave en la defensa de los Protocolos, sobornos, falsos testimonios, seudo-princesas... El Proceso de Berna fue un espectáculo deleznable subvencionado por el capital internacional. Pese a todos los esfuerzos y medios utilizados por parte del bando hebreo para refutar seudo-legalmente la no autenticidad de los Protocolos, estos siguieron publicándose, aunque la verdad fue una victoria pírrica para sus defensores, ya que la credibilidad de los mismos quedó seriamente dañada.

El revuelo que produce en la Mass Media actual el mero hecho de nombrar los Protocolos, no puede negar la existencia de una extensa bibliografía que avala la presencia de un plan estratégico preconcebido por el ente judío, con la idea de lograr la implantación de un nuevo orden mundial, bajo el yugo político de Israel. El capitalismo ha concedido al elemento judío un poder sin precedentes, otorgándole la capacidad de influir en el destino de la humanidad a través del juego de las relaciones políticas internacionales. Este gobierno en la sombra resulta una verdadera amenaza para la seguridad y la paz internacional, ya que opera bajo una falsa apariencia de invisibilidad que le permite extender su influencia, lenta e inexorablemente, en los gobiernos nacionales y en los organismos de control internacional. Las decisiones tomadas en el seno de este gobierno en la sombra, repercuten directa e inmediatamente, en el concierto mundial a través de sus ramas funcionales, encargadas de llevar a la práctica los dictámenes político-económicos de los Amos del Pensamiento.

El despotismo ilustrado practicado por el elemento judaico en el plano internacional, menoscaba la soberanía nacional de los estados del mundo Occidental. Implantan regímenes afines a su ideario doctrinal, los cuales perpetúan en el tiempo las desigualdades sociales derivadas de la corrupción burocrática imperante en este tipo de administración extraoficial. Aportan únicamente tragedias y miserias a la sociedad indoeuropea, y precipitan su caída hacia un sistema neo-feudal que garantiza la conversión de Europa en un mercado especulativo de carácter privado.

–El Plan Kalergi: Metamorfosis totalitarista de la progresía europea

"Europa como concepto político no existe. Esta parte del mundo engloba a pueblos y Estados que están instalados en el caos, en un barril de pólvora de conflictos internacionales, y en un campo abonado de conflictos futuros. Éstas es la cuestión europea: el odio mutuo de los europeos que envenena la atmósfera. (...) La Cuestión Europea será resuelta sólo mediante la unión de los pueblos de Europa."
(Richard Coudenhove-Kalergi, Paneuropa, 1923)

Crudas y esclarecedoras palabras las pronunciadas por uno de los padres de la tan magnificada Paneuropa: Richard Coudenhove-kalergi (1874-1972). Sobre este siniestro personaje no me detendré más de lo necesario, ya que en mi humilde opinión, Kalergi queda fielmente retratado en la obra de Gerd Honsik titulada: *Adiós Europa, El Plan Kalergi*. Con sus acciones y planteamientos políticos, el sionista de Kalergi y su camarilla de facciosos secuaces, vienen a confirmar en fondo y forma lo que ya se había avisado tiempo atrás en los tan denostados Protocolos de Sión. La existencia de una vasta conjura internacional contra Occidente, contra la religión católica y contra la raza indoeuropea en general dentro del continente Europeo; son algo innegable. A modo de exposición vale la pena reseñar la opinión del "respetable" ciudadano judío "el doctor" Kalergi, con respecto a las relaciones interraciales:

"En una sola generación, el intercambio humano durante la nueva
unión cambiará drásticamente la cara de Europa. En el caso de que
todavía quedaran grupos nacionales o étnicos que rechacen semejante
unión, su influencia política será tan ínfima que no podrán conseguir la
separación de su país de los "Estados Unidos de Europa"

El único proyecto político de los burócratas de la Unión, es el de la capitulación ante los poderes fácticos del sionismo internacional, como una nueva forma de multilateralismo democrático. La Europa de Kalergi y la Europa actual, representan un nuevo espacio de protectorado político para el capitalismo judío (al igual que los EEUU), para el terrorismo islámico y para todos los "tchandalas" del planeta. Al igual que el supremacista negro Martin Luther King ("I have a dream"), Kalergi también tenía un sueño que desgraciadamente se está haciendo realidad en la actualidad y no es otro que el de ver a Europa destruida y a su población esclavizada.

En el actual régimen político de la Unión Europea no se admite disensión o discusión alguna. La libertad de acción de las naciones miembro es casi nula, la débil autonomía estatal y la falta de libertad de expresión, ocasionan que las naciones pertenecientes al marco político de la Unión, pasen a representar el papel de meras comparsas provinciales regidas por el órgano político de Bruselas, lo cual tiene ciertas reminiscencias a la antigua política internacional llevada a cabo en el Bloque Soviético durante la etapa comunista. La política llevada a cabo por la plutocracia de la Unión Europa, antepone la creación de un mercado de especulación internacional que beneficie al ente económico sionista, al bienestar de sus ciudadanos. Desde la mesiánica Unión Europea, con su formidable poderío económico capaz de comprar la conciencia de cualquier político, se ha impuesto al pueblo indoeuropeo una mordaza de la cual es casi imposible librarse. Los poderes fácticos sionistas, nos tratan de vender el concepto político de la Unión como un estado único del bienestar, obviando el hecho de que la llamada política del apartheid practicada por los burócratas europeos, lleva años oprimiendo a toda nación que se niegue a hincarse de rodillas ante el Dios *Dólar-Euro* que rige nuestra economía.

La verdadera causa de la represión política que se vive en Europa, deriva del intento de los burócratas de perpetuar en el tiempo la seudo-democracia actual, edificada bajo los cadáveres de los pueblos que osaron revelarse al capitalismo desmedido, del mercado global único que predican los vasallos de los poderes fácticos. La oligarquía europea teme el despertar de la conciencia de los ciudadanos que conforman la Unión, por ello fomentan un feroz bipartidismo que imposibilita zafarse del control de los organismos internacionales, sujetos a los dictámenes de la judería internacional. El fracaso de la política de concienciación de la UE, hace que el empleo de la represión administrativa y judicial sea su principal medio de disuasión para acallar las voces discordantes. Los falsos demócratas que componen los órganos burocráticos de la Unión, no son capaces de garantizar el derecho de expresión de sus ciudadanos. La prensa, la radio y la televisión callan o falsean los casos de tortura y persecución ejercidos, a nivel continental, por los organismos judiciales y policiales de la Unión, en contra de todos aquellos que critican la financiación encubierta, a través del capitalismo mercantilista, de la política mesiánico-colonialista de la ejecutiva israelí en el territorio de Palestina.

El régimen absolutista de la Unión Europea, hace que sus ciudadanos vivan en un estado de excepción permanente, apenas encubierto bajo una falsa apariencia de realidad democrática típica de los regímenes marxistas de la Iberoamérica bananera y de su pérfida retórica. Los encarcelamientos selectivos, la tortura y la privación de los derechos democráticos más fundamentales, niegan la posibilidad a los movimientos identitarios de expresarse abiertamente sobre la cuestión judía y sobre su influencia en la política represiva llevada a cabo por gobiernos estatales, con el único propósito de impedir la movilización de la población en favor del derecho de autogestión, libre de injerencias extranjeras (*étnicas y culturales*).

Lamentablemente, el supuesto derecho inalienable de la libertad de expresión, es relativo en la sociedad en que vivimos *(debido a su carácter quimérico)*, ya que la libre disposición a hacer uso de ella está condicionada por los intereses políticos de los sátrapas de turno. La idea particularista e interesada sobre el ideal europeísta, conlleva a que el derecho de autodeterminación *(étnica y cultural)* de los pueblos indoeuropeos, se vea aplastado bajo la bota del imperialismo económico. Toda persona honesta, amante de la libertad civil y política, está obligada a denunciar la represión sistemática ejercida por los medios políticos y judiciales que se rigen por criterios partidistas, cuando criminalicen y repriman las alternativas políticas y sociales que rompan las cadenas de la esclavitud de la sociedad multicultural, para así poder lograr el avance político que traiga consigo la libertad a los pueblos de Europa, esa libertad que tanto incomoda a la élite dirigente. Los partidos oficiales afines al ideario sionista, únicamente representan a los intereses del ente económico que los sustenta, lo cual los desacredita como representantes del pueblo, anulando la legitimidad de los comicios por estar sujetos a intereses financieros particulares.

El pueblo europeo está totalmente sometido a los intereses de una clase dirigente que ambiciona cada vez más poder, con el fin de mantener su monopolio político-económico unificado bajo el mando de la banca internacional. El carácter enfermizo de las democracias europeas *(propiciado por la falta de legitimidad de los resortes del sistema)*, mantiene como rehén al pueblo europeo, el cual depende de los intereses que tenga su carcelero político, encarnado bajo la figura del sionista internacional, convirtiendo la falsa realidad democrática en una realidad de lo más abyecta.

A nadie se le escapa el hecho de que la crisis financiera y de valores que estamos padeciendo en Europa, es de una envergadura jamás conocida. La patológica cobardía de las naciones miembro de la Unión, es explotada por el elemento sionista para regular la fe de los ciudadanos europeos a través de leyes claramente discriminatorias, favoreciendo la implantación del islamismo y otras doctrinas religiosas como contrapunto a la tradición cristiana del continente. Esto representa un caso flagrante de hipocresía institucional, ya que detrás del supuesto laicismo institucional se encuentra el fanatismo anticatólico de la masonería internacional. La cosmovisión judaica en la campaña de estigmatización progresiva de los fieles católicos hace de Europa un cementerio comunitario, donde los valores que han servido de pauta en la evolución histórica del continente, se encuentran sepultados por un sentimiento de acomplejamiento multicultural, de apocamiento intelectual, de mediocridad institucional; instaurado en la sociedad gracias a los organismos políticos burocráticos de la Unión Europea con el apoyo, siempre liberticida, del elemento judío.

Los poderes públicos de la Unión juegan un papel negativo en lo que concierne a la libertad de culto cristiana, condicionando severamente la independencia religiosa y de conciencia de sus ciudadanos; amparándose en absurdos artículos legales que restringen la libertad católica en favor de las libertades de "otros" credos religiosos, más convenientes para las premisas del ideario sionista *(Liberté, Égalité, Fraternité).* El peso de la autoridad religiosa del cristianismo ha influido, conscientemente, en la creación de la moral y del pensamiento en Occidente y por ello, se ha convertido en el enemigo número uno para el establecimiento del monopolio seudo-científico e intelectual de la nueva era del materialismo económico-social, impartido por la élite racial dirigente. La visión de los militantes laicistas se contradice con el avance social dentro del ámbito cultural europeo, debido a que su ideario dogmático, hostil a la vieja tradición identitaria del continente, ha sido heredado de los viejos cliches anticristianos de la masonería y del odio racial de los Amos del Pensamiento, hacia el pueblo indoeuropeo.

A través de la absorción política, social y cultural de Europa por parte de la administración supranacional del ente sionista, se fomenta un sentimiento de individualismo radical, un sectarismo ateo de la peor condición que atenta en contra de los derechos civiles y religiosos más fundamentales. Las manifestaciones violentas de odio e intolerancia contra los símbolos cristianos responden, unilateralmente, al inexcusable control e incitación de los organismos de vigilancia de los poderes fácticos transnacionales. Estos se esconden detrás de los burócratas de Bruselas, para disimular su autoría moral en todas las afrentas cometidas en contra de la población católica, víctima de los golpes mediático-judiciales del fanatismo más anticatólico de la administración europea.

Aunque la burocracia de Bruselas se haya instalado en el subterfugio político y en el embuste permanente, estafando moral, política y económicamente a la ciudadanía; no pueden ni deben obviar el hecho de que las crisis migratorias en el mundo desarrollado son cada vez más profundas. Las imposiciones políticas emanadas de los órganos de decisión internacionales, obligan a Europa a hacerse cargo de las diferencias económicas entre el mundo desarrollado y el Tercer Mundo. El respaldo a la política migratoria actual representa un auto-sabotaje por parte de las autoridades de la Unión, al sistema de derechos y libertades de sus ciudadanos. La motivación principal de los actuales procesos migratorios está fundamentada bajo la visión geoestratégica del sionismo, el cual busca el debilitamiento a marchas forzadas de Occidente, nutriendo económicamente las arcas de los astutos tiranos que dirigen los países subdesarrollados; para fomentar el éxodo de sus compatriotas a territorio europeo.

 Europa se ve sometida a un constante asedio migratorio, avalado internacionalmente por los mismos que rechazan la convivencia pacífica con los árabes en el territorio de Israel. Europa no puede asimilar tal cantidad de "Tchandalas", a medida que los países miembros admiten a más población alógena dentro de sus fronteras relajan las leyes sobre inmigración, lo que ocasiona que todo tipo de criminales se instalen en territorio europeo sin control alguno. Es conveniente tener una idea aproximada sobre la cantidad de inmigrantes que residen actualmente en territorio europeo, ya que la mayoría de los actos delictivos *(violaciones, hurtos...)* son cometidos por los individuos de dicha población. Esta afirmación no es una cuestión ideológica sino una cuestión puramente estadística, que puede ser comprobada y contrastada en los archivos de detención policiales, si los medios gubernamentales respetaran las más mínimas reglas democráticas de transparencia informativa y judicial, en lugar de hacer apología del analfabetismo ciudadano. Debido a la mala prensa que dan estas acciones cometidas por la población inmigrante, se niega el acceso a los medios públicos a cuantos disientan de la versión oficial dada por los organismos estatales, mientras que los titiriteros del periodismo progre tratan de minimizarlas con vagas referencias a la: desatención familiar, a la frustración, al desarraigo,...

Esta situación de impunidad social y legislativa por parte del elemento inmigrante, ocasiona que la respuesta judicial ante este tipo de actos suela ser más bien tibia, por temor a represalias administrativas por parte del ente político dirigente; demostrando hasta que punto funciona eficazmente la máquina propagandística de la komintern internacional de las ONGS pro-inmigración, las cuales no dudan en someter a la víctimas de los crímenes cometidos por inmigrantes al más bochornoso oprobio, con tal de acabar con los rescoldos del orden institucional y moral que hizo grande al pueblo indoeuropeo. No hay que obviar el hecho de que las ONGs son un instrumento político-social en manos de los intereses del sionismo y que por lo tanto, tienen como misión principal socavar los pilares sociales, jurídicos y religiosos de las naciones occidentales, desacreditando los valores de nuestra cultura bimilenaria. La exención penal derivada de la permisividad jurídica, genera en el inmigrante un sentimiento de victimismo y revancha, que le hace aprovecharse de la buena voluntad de aquellos que en verdad creen en la convivencia multiculturalista, a la vez que inmensas sumas de dinero, obtenido a través de la recaudación de impuestos a la población autóctona trabajadora, nutren las arcas de los diversos lobbys pro-inmigración para favorecer, supuestamente, la integración de los "Tchandalas" extranjeros que rechazan la convivencia pacífica con la sociedad Occidental.

Los lobbys sionistas pro-inmigración legitiman cualquier acto violento cometido por extranjeros en contra de la población indoeuropea, aduciendo a los fantasmas del racismo y la xenofobia cuando algún político de buena fe pretende parar este despropósito, demostrando, una vez más, como la política quintacolumnista del sometimiento, de la capitulación, de la subordinación de nuestros dirigentes frente a los enemigos declarados de Occidente; cuenta con el beneplácito de la gran mayoría de los periodistas, profesores, políticos, ONGs... de filiación filo-marxista o liberal. Según la doctrina de los lobbys pro-inmigración, juzgar, condenar e informar verazmente de los actos delictivos cometidos por la población inmigrante en el territorio europeo, es un acto racista y discriminatorio. Para ellos, los inmigrantes fueron inducidos a cometer el delito por culpa de la propia sociedad blanca y occidental que los oprime y no los acepta. Esto demuestra la frivolidad y la necedad con la que esta conjura de necios, juega con el futuro de Europa y de su población. El trasfondo oculto tras esta feroz campaña anti-indoeuropea y pro-mestizaje, confirma como el odio de la doctrina hebraica a la sociedad, a la religión y la cultura occidental en general, utiliza a la población inmigrante como Caballo de Troya para derribar el viejo edificio del orden constitucional europeo, buscando edificar en su lugar, una de sus múltiples filiales corporativas del nuevo gobierno transnacional del ente sionista, con sede en Israel.

La "geoestratégica" económico-migratoria implantada por el ente sionista en los territorios de Europa y los EEUU, impide la posibilidad de poder regular efectivamente los flujos migratorios, desde la oleada de inmigrantes sub-saharianos en patera hacia las costas Españolas hasta el nuevo modelo de inmigración colonialista por parte de la población china; haciendo insostenible la convivencia, debido al potencial desestabilizador de la población alógena.

Grandes sumas de dinero son enviadas por la población inmigrante a sus países de origen, valiéndose de entidades financieras "internacionales", privan a las naciones de acogida de una importante reserva de divisas, lo cual acentúa el déficit general y termina minando las bases del sistema económico occidental, influyendo en la calidad y seguridad de vida de la población indoeuropea. No es casualidad que la libertad expansiva del mercado especulativo internacional, sea el fin último que persigue la doctrina imperialista del Nuevo Orden Mundial y tampoco que la política sea el medio idóneo para alcanzarlo. La incapacidad moral, material y administrativa de nuestros gobernantes, rendidos no de forma casual, ante el vasto poderío político-económico de la élite sionista, se lo facilita.

Con el establecimiento de la moneda única para la zona Euro, los países más débiles políticamente, pasaron a depender de los intereses de la "nueva" élite internacional, al igual que los pequeños comerciantes napolitanos dependen de la "generosa" protección que les brinda la Mafia a cambio de un módico precio. El Euro apareció viciado como moneda desde su nacimiento, ya que fue implantado desde las altas esferas de la burocracia europea (*cuyo parloteo incesante loando las virtudes de la moneda única resultó ser además atronador, un espectáculo de lo más desagradable. Demagogia, populismo, electoralismo de baja alcurnia..., cualquier adjetivo es poco para describir a todo color la vileza de nuestros gobernantes a la hora de defender los intereses de la élite racial dirigente*); sin el apoyo popular de sus ciudadanos. La tendencia alarmante de redondear los precios al alza en los mercados internacionales, aprovechándose del cambio a la nueva moneda (*debido a que dentro del territorio de la Unión no se daban las condiciones necesarias para su implantación*); evidenció la mano negra del ansia desmedida de la élite económica mundial, desmintiendo por completo el carácter simbólico nacional de la nueva moneda.

La implantación del Euro representó un verdadero atraco por parte de la oligarquía transnacional a los más débiles, al pueblo obrero, a la clase trabajadora. Además de generar que los sistemas financieros de los estados miembro se endeudaran hasta cotas nunca vistas, lo que supuso *(y supone)* un peligro para la economía española y europea en general, desestabilizó la autoridad de los resortes estatales en el plano político-económico, en una gran hazaña manipulativa ideada por el ente sionista. El cambio de moneda otorgó al ejecutivo administrativo europeo la potestad de implantar cualquier tipo de medida en el ámbito económico, social y político, saltándose así la aprobación de las autoridades nacionales. Demostraron con ello el poco afecto que tienen los burócratas europeos por la libertad.

Los países con menos influencia dentro de la esfera del órgano institucional europeo, se ven indefensos para mantener un mínimo de estabilidad social y económica dentro de sus fronteras en la llamada Zona Euro, sin la protección de la élite económica del mercado internacional. La actual política financiera de Europa está diseñada para un único fin:

"preservar los intereses privados de la élite racial dirigente."

En este punto conviene citar la Ley 16/1989 de Defensa de la Competencia, y la Ley 52/1999 en contra de la explotación abusiva de la situación de la dependencia económica:

—Queda prohibida la explotación abusiva por una o varias empresas o entidades:

a) De su situación de dominio en todo o en parte del mercado nacional.

b) De la situación de dependencia económica en la que puedan encontrarse sus empresas, clientes o proveedores que no dispongan de alternativa equivalente para el ejercicio de su actividad.

Es importante aclarar que no es el gobierno institucional de la cámara europea el que decide realmente cuando y como se emiten las partidas puestas en circulación de la nueva moneda, sino que esta labor se encuentra bajo la "supervisión" de los intereses de los grandes bancos transnacionales. Estas entidades tratan por todos los medios de mantener y reforzar sus ganancias, gracias al monopolio sobre los recursos y las políticas financieras de los estados miembro.

El establecimiento de la ley de moneda única para todo el territorio europeo, no inauguró una nueva fase de expansión real para las economías nacionales, como nos quisieron hacer ver, si no que por el contrario produjo una espiral de estancamiento general (*como puede observarse en la actualidad*). A raíz de la búsqueda por parte de la oligarquía financiera, de la máxima rentabilidad a través de la moneda única, se provocó, al no encontrarse con obstáculos sociales importantes, el aumento de la desigualdad en la distribución de las riquezas. La lógica unilateral que rige el modelo social del capitalismo mercantilista es muy clara: tasas de intereses elevadas, reducción del gasto público social, desmantelamiento de las políticas de pleno empleo, desgravación fiscal en beneficio de los ricos, desregulaciones, privatizaciones,... Este conjunto de medidas de corte capitalista, unidas al establecimiento de la moneda única para todo el territorio, significó el retorno de los bloques hegemónicos (*culturales, políticos y económicos*) tradicionalmente anti-obreros y anti-indoeuropeos.

La justificación, por causas económicas, de los fines perseguidos por la política de la uniformidad monetaria fomentada por los burócratas de la Unión y apoyada por la élite financiera internacional, resulta cuanto menos útil para enjuiciar el carácter abusivo de dicha medida y de su imposición en las relaciones de mercado entre los estados miembro. Asimismo, puede afirmarse con rotundidad, que en la aplicación de este nuevo modelo monetario se perjudicó al pueblo europeo. La explotación abusiva, por parte de la oligarquía financiera, del poder monopolístico de decisión sobre la imprenta de la nueva moneda y su puesta en circulación, limitó el campo de maniobra y acción de los organismos burocráticos de los estados miembros de la Unión; subordinándolos a los intereses de las entidades financieras supranacionales. Con ello, cualquier tipo de alternativa real independiente de los vaivenes geoestratégicos de los operadores financieros que rigen los designios de los mercados monetarios internacionales, es inútil.

Sólo tras lograr la desarticulación del entramado de los intereses monopolísticos de la élite financiera internacional en las políticas monetarias de la Unión, se logrará reprimir las conductas abusivas y desleales, surgidas como consecuencia de la grave distorsión de las competencias del estado. La lógica del monopolio monetario funciona en beneficio exclusivo de los intereses del capital dominante y en especial de su segmento más poderoso: la oligarquía financiera transnacional.

Examinando objetivamente la situación política, económica, religiosa y social en la Europa actual, podemos observar cómo se han cumplido, y se van cumpliendo, punto por punto, las metas fijadas por la élite racial dirigente en su conjura contra Occidente, de la que ya se nos había puesto en aviso tiempo atrás, no con demasiado éxito. Esta situación me lleva a plantear la siguiente cuestión:

"sí nuestro sino ya está decidido de antemano, ¿sirve para algo revelarse contra él o terminaremos sucumbiendo cual Ícaro moderno, en las actuales aguas del multiculturalismo interracial?"

Si algo hay que tener en cuenta, es que Occidente ha resistido victorioso el paso del tiempo y en muchos casos, ha salido reforzado de todas las viejas tragedias que lo asolaron en la antigüedad: La caída del Imperio Romano, la pérdida del Imperio Español, la peste negra, la Invasión Islámica, la I y II Guerra Mundial... ¿Será demasiado tarde quizás esta vez, para que el glorioso pueblo Europeo se sacuda el yugo de la tiranía político-económica del sionismo y tome las riendas de su propio destino? El paso del tiempo nos podrá confirmar si nuestro milenario pueblo se repondrá y perdurará o pasará a formar parte de recuerdos pasados, de pueblos extintos a los que la decadencia de su sociedad y civilización relegó al olvido.

—Los judíos y el comunismo

"Jehová creó al no Judío en forma humana para que el Judío no sea servido por bestias. Por lo tanto, el no Judío es un animal en forma humana, condenado a servir al Judío de día y de noche."
(Midrasch Talpioth, 255 I, Warsaw 1855)

—El comunismo: Ideología judaica

No cabe la menor duda de que cuando hablamos de la teoría marxista-comunista, nos referimos a una ideología de índole semita. Los principales ideólogos del movimiento comunista anterior al establecimiento definitivo del bolchevismo en Rusia, fueron judíos en casi su totalidad, como lo fueron también la gran mayoría de los dirigentes materiales de las revoluciones a las que dio lugar la llevada a la práctica de dicha ideología.

"En lo concerniente a los judíos, su papel en el socialismo mundial es tan importante que no puede pasar en silencio. ¿No basta recordar los nombres de los grandes revolucionarios judíos de los siglos XIX y XX, como los Carlos Marx, Lasalle, Kurt Eisner, Bala Kun, Trotsky y León Blum, para que aparezcan así los nombres de los teóricos del socialismo moderno?"
"Y los revolucionarios judíos y los comunistas que atacan el principio

de la propiedad privada, cuyo monumento más sólido en el Código de

derecho Civil de Justiniano, de Ulpiano, etc...., no hacen sino lo que

sus antepasados, que resistían a Vespasiano y a Tito. En realidad, son

los `muertos que hablan´ "

(Kadmi-Cohen, Nómadas; ensayo sobre el alma judía. F. Alcan,

1929, páginas. 80 y88)

La ideología comunista representa un punto de vista represivo dentro de la organización política y social de la vida, a pesar del halo romántico con la que le han revestido sus vasallos en Occidente, los cuales ensalzan su lado más exótico para así conseguir manipular hábilmente la cara tercermundista unida a todo régimen comunista. Sus postulados totalitarios representan la negación misma de las creencias religiosas de Occidente. Su principal fin es el de eliminar la "esencia" mística derivada de la herencia racial de la sociedad indoeuropea, para así poder lograr sumirla en el más absoluto desconocimiento de su plano histórico-espiritual. Los valores materialistas del comunismo le son inculcados a la sociedad bajo las enseñanzas y la supervisión doctrinal del judío internacional, emulando a un vulgar Platón de lo siniestro en su aquelarre conspirativo.

Desde su origen, el comunismo mostró abiertamente su carácter anti-cristiano, nutrido dogmáticamente de las desviaciones satanistas heredadas de las taras y vicios de sus ideólogos, los cuales con su profundo sentimiento antirreligioso y su afán de destronar en la tierra al "Rey de los Cielos", recuerdan al orgullo mostrado por el Ángel Caído en su pugna por igualar al Dios cristiano. El símbolo por excelencia de la ideología comunista: la estrella de cinco puntas, representa a los cinco grupos sociales más representativos: juventud, militares, intelectuales, agricultores y trabajadores; en los que se basa la ideología marxista para lograr el establecimiento de un "Nuevo Orden" terrenal, dirigido por la "élite intelectual" del partido comunista.

No cabe la menor duda, de que la llamada "élite intelectual" comunista, personaliza el ideario hebraico a la perfección. A raíz de la simbiosis político-racial existente entre el judío y el comunismo, podemos deducir que la finalidad última del anti-catolicismo comunista, no es otra que la de convertir al judío en la nueva deidad terrenal, amparado bajo la órbita política del "Dios Dólar- Euro". Solo conociendo realmente la procedencia racial de los ideólogos comunistas, lograremos comprender las motivaciones reales que les llevaron a crear semejante abominación.

" La luz que aporta el conocimiento logrará terminar, finalmente con las 7 cabezas, del dragón de 10 cuernos, bajo el cielo de las 12 estrellas"

• Karl Marx

Uno de los principales ideólogos del comunismo fue el judío Karl Marx. Karl Marx, en realidad su verdadero nombre era el de Kissel Mordekay, nació en Tréveris (Prusia renana) y fue el tercer hijo de una familia de origen judío. Su padre, Hirschel Mordekay, eran un judío convertido al protestantismo que ejercía la abogacía en la ciudad de Tréveris, mientras que su madre era un judía holandesa que descendía de un antiguo linaje de rabinos.

En 1835, Marx comenzó sus estudios universitarios en la Facultad de Derecho de Bonn, debido a las presiones paternas. Terminó licenciándose en Berlín 1841, momento en el que comenzó a tomar contacto con la filosofía Hegeliana. Durante su etapa universitaria, Marx trabajó como jefe de redacción en el diario izquierdista Rhenische Zeitung. Desde sus comienzos como agitador mesiánico-político, Marx participó activamente en la defensa del pensamiento colonialista hebreo, inspirándose en el pensamiento Feuerbachiano, al crear una concepción moderna del internacionalismo judío. Utilizó la doctrina comunista como ariete ideológico con el que destruir el sentimiento patriótico de la población obrera de las naciones indoeuropeas, para facilitar la implantación de un nuevo y único gobierno mundial.

Las proclamas incendiarias vertidas por Marx desde el periódico Rhenische Zeitun llamando a la desobediencia civil, llevaron a su clausura. Marx fue juzgado y expulsado de territorio alemán, acusado de alta traición por conspirar contra el régimen gubernamental prusiano. Tras ser expulsado de Alemania, se trasladó a vivir a París, ciudad donde comenzó afianzar su carrera como demagogo agitador, ya que en sus escritos ignora la dinámica de la organización social humana. Fue durante su breve estancia en París, cuando Marx conoció a Friedrich Engels y juntos comenzaron a dar los primeros pasos que les llevarían a escribir conjuntamente el Manifiesto del Partido Comunista, en el cual se alienta (bajo un falso sentimiento internacionalista) a la clase obrera de los países occidentales, a revelarse contra el capitalismo burgués y también contra los pilares básicos de la sociedad cristiana *(chivo expiatorio para los comunistas de todos los males de la clases obrera)* en 1847.

En 1845 fue expulsado de París y se trasladó a Bruselas, donde ingresó en la Liga Comunista. En 1848 finalmente se estableció en Londres, fundando la Liga de los Comunistas de Londres., En el año 1867, Marx publicó en Inglaterra el I tomo de una de las obras más importantes para el comunismo teórico: "Das capital" *(El Capital")*. Con la aparición de la teoría del Capital en el mundo intelectual, se logró alcanzar el paroxismo de la demagogia, el culmen de la simpleza humana. Su deformada visión de la organización económica y social le llevó a lucubrar una serie de teorías sin fundamento alguno, basadas en la supuesta alienación del trabajador en lo referente al valor-trabajo y en la tan raída plusvalía *(diferencia entre el valor de las mercancías producidas y el valor de la fuerza de trabajo que se haya utilizado)*.

El 14 de marzo de 1883 falleció en Londres a los 65 años de edad, tras padecer durante la última etapa de su vida una grave enfermedad hepática que había minado tanto su cuerpo como su espíritu. Tras su muerte, Engels se encargó de publicar los tomos II y III de la obra de "El Capital". Alrededor de la figura de Marx siempre quedará el recuerdo sobre como la mezquindad intelectual de un demagogo, puede envenenar los corazones más puros.

• Friedrich Engels

Otro de las *"grandes"* figuras intelectuales dentro del comunismo fue el "lugarteniente" de Marx: Friedrich Engels. Engels nació en Barmen (Renania) el 28 de noviembre de 1820 y al igual que su contemporáneo Marx, también provenía del seno de una familia judía, ya que su padre era un rico comerciante judío de la industria del algodón.

Durante su etapa universitaria en la Universidad de Berlín, Engels tomó contacto con la ideología de los movimientos revolucionarios de corte Hegeliano, a través de los trabajos del escritor judío Heinrich Heine y del materialismo de Feuerbach. En 1842 comenzó a predicar las bondades de la doctrina comunista, situación que le llevó a conocer en París a su homologo Karl Marx. En 1845, durante su estancia en Inglaterra al frente de los negocios familiares, publicó su primera obra titulada: *"Situación de la clase obrera en Inglaterra"*, encontrándonos quizás ante la primera obra del llamado "socialismo científico, a la que le seguirían ese mismo año un estudio conjunto con Marx titulado: *"La Sagrada Familia"* y la *obra "La ideología alemana"*.

La implicación de Engels con la implantación del comunismo fue total, como así lo demuestran sus obras: *"Socialismo utópico y Socialismo científico"* o *"el origen de la familia, la propiedad privada y el Estado"* entre otras, además de ocupar el puesto de secretario de la Liga Comunista hasta sus últimos días.

Engels falleció el 5 de agosto de 1895 en Londres, pasando el testigo socialista a su discípulo Eduard Bernstein. A pesar de su muerte, las erróneas ideas de Engels sobre el origen económico de la historia y de la civilización, siguen envenenando la mente de nuestros jóvenes. Tanto el comunismo teórico como el capitalismo práctico comparten métodos y consecuencias, debido a que los organizadores e ideólogos de ambas doctrinas, pertenecen a la misma extracción racial. Esto demuestra que la supuesta rivalidad existente entre ambos sistemas, obedece a una campaña de marketing ideada por el elemento sionista, para distraer y dividir al mundo mediante absurdas discusiones teóricas.

• Karl Kautsky

La característica principal que define a los ideólogos del comunismo, es su ferviente desprecio a la cultura cristiana y a todo lo que esta representa. Un claro exponente de ese odio irracional, lo encontramos en la figura del escritor socialista Karl Kautsky, nacido en Praga el 16 de octubre de 1854. Siguiendo la tónica general que marcó al movimiento ideólogo comunista desde sus orígenes, no nos debe sorprender a estas alturas que Karl Kautsky procediera también del seno de la nación de Abraham. Su padre fue un afamado pintor y decorador de nacionalidad checa pero de origen judío, al igual que su madre, una actriz de origen austriaco pero de ascendencia hebrea.

La familia Kautsky se trasladó a vivir a Viena cuando Karl tenía 6 años. En 1874, Karl ingresó en la Universidad de Viena, donde cursó la carrera de historia y filosofía. En 1875 ingresó en las filas del Partido Socialdemócrata Alemán. Ya al principio de su etapa política, Kautsky se distinguió de manera notable entre las filas del llamado "marxismo ortodoxo", por sus furibundos ataques contra la doctrina cristiana y contra los valores que ésta representaba. Karl Kautsky fue secretario de Engles y en 1883 fundó la revista de corte marxista: "Die Neue Zeit", la cual pronto se convertiría en el principal baluarte ideológico de la Internacional Socialista. Durante su periplo como ideólogo revolucionario, Kautsky fue considerado una de las más importantes figuras marxistas de su tiempo, como así lo demuestran sus múltiples creaciones teóricas, entre las que destacan principalmente: *"La cuestión agraria"* (1889), *"La doctrina económica de Marx"* (1887) o *"Los orígenes del cristianismo"* publicada en 1908, entre otras.

En la obra *"Los orígenes del cristianismo"*, Kautsky cuestionaba la función moral de la religión cristiana en la sociedad occidental, ya que para él la religión era un arma utilizada por la burguesía capitalista para adormecer al pueblo, con el fin de evitar que éste se rebelara contra las injusticias derivadas de un sistema de organización social basado en la desigualdad clasista, propiciada por el elemento económico. En cierta manera no le faltaba razón en su argumentación y gracias a ello, consiguió atraer a un gran número de mentes ingenuas, que no veían más allá de las florituras altruistas con las que abogaba por una sociedad más justa e igualitaria. Lo que en realidad procuraba Kautsky con su tergiversada interpretación del conjunto histórico económico internacional, era minar las bases del cristianismo y su influencia dentro de la sociedad indoeuropea, culpabilizándolo de todos los males que aquejaban al proletariado europeo, para luego redirigir la creación de una nueva fe más acorde con el ideario comunista.

Al estallar la Primera Guerra Mundial, Kautsky se posicionó a favor del bando aliado, culpabilizando a Alemania del estallido de la contienda. Con el único propósito de perjudicar a Alemania, Kautsky organizó sangrientas revueltas populares, motivo que le valió su expulsión del territorio germano y austriaco, al ser considerado un elemento peligroso para la seguridad del estado.

Durante la última etapa de su vida, Kautsky pasó totalmente desapercibido. En 1917 fue apartado de la dirección de la revista política *"Los nuevos tiempos",* por sus discrepancias con la cúpula dirigente, a causa de su opinión contraria sobre los métodos utilizados por los líderes bolcheviques tras la revolución proletaria en Rusia, lo cual le valió la animadversión de sus correligionarios comunistas. Incluso el mismísimo Lenin terminaría abjurando de las enseñanzas de su antiguo maestro Kautsky en su libro *"La revolución proletaria y el renegado Kautsky".*

Finalmente, Kautsky falleció el 8 de noviembre de 1938, siendo considerado por sus antiguos "camaradas" como un traidor a la causa marxista.

• **Moses Hess**

Cuando hablamos del filósofo judío Moses Hess, además de referirnos a uno de los principales precursores del comunismo, nos encontramos también con uno de los "Padres Fundadores" del llamado Sionismo político. Moses Hess, en realidad se llamaba Moritz (Moisés) Hess, nació el 21 de enero de 1812 en un "gueto" judío de Bonn (Alemania), al que se habían trasladado sus padres desde la vecina Polonia. Durante su infancia recibió una educación tradicional por parte de su abuelo materno (David Hess), un rabí de la ciudad de Mannheim, basada en los dogmas doctrinales del judaísmo ultra-ortodoxo, lo cual influyó, notablemente, en el carácter anticristiano de las teorías socialistas que Hess elucubraría durante su vida (*negación categórica del Dios Cristiano y creación de una nueva doctrina religiosa al servicio de los nuevos estados comunistas*).

Hess pretendía cambiar el mundo implantando en la sociedad sus trasnochados principios ideológico-dogmáticos, inspirándose en los ideales revolucionarios del socialismo francés. Por ello, tras su paso por la universidad de Bonn (*aunque no se llegó nunca a graduar*), fundó el primer periódico socialista de la ciudad de Colonia.

Al examinar detalladamente la figura del judío Hess, podemos observar como éste quizás fue el primer filósofo socialista moderno de Alemania en adoptar las tesis comunistas para sus trabajos, lo cual puede apreciarse, claramente, en su obra: *"La Triarquía europea"*, mereciendo una mención especial el título del capítulo quinto de dicha obra: *"Nuestro futuro o la libertad social y política"*. Uno de sus escritos más importantes fue: "Roma y Jerusalén", que vio la luz durante su etapa en Alemania. *"Roma y Jerusalén"* es un clásico de la teoría sionista, en él se aboga por el resurgimiento de la política colonialista de la nación judía, mediante la creación de un estado hebreo en territorio palestino.

Hess fue un gran admirador de la filosofía hegeliana (*con todo su repertorio metafórico*) y sus concepciones revolucionarios acerca de la abolición de la propiedad privada como factor clave (*superar la filosofía por medio de la acción*) para la creación de un Nuevo Orden social; influyeron, notablemente, en Karl Marx y en su doctrina social-comunista, la cual serviría de inspiración para dar forma a la estructura carcelaria del Lenismo-burocrático de la Rusia Bolchevique.

Finalmente Hess fallecería en París el 6 de abril de 1875, siendo relegado al olvido dentro del movimiento ideológico comunista, después de la publicación de uno de sus últimos trabajos: *"Cartas desde París".*

• **Ferdinand Lassalle**

Ferdinand Lassalle nació en Breslau (Polonia) el 11 de abril de 1825, dentro del seno de una importante familia aristocrática judía de Silesia. La adolescencia de Lassalle transcurrió entre las ciudades de Breslau y Berlín *(en la cual terminó sus estudios)*. Los primeros escarceos ideológicos de Lassalle con la ideología socialista, se dieron durante el breve periodo que éste vivió en París, tras haber conocido a los escritores socialistas Heine *(judío nacido en Dusseldorf)* y Proudhon *(revolucionario de origen francés)*. En 1845, la deriva ideológico revolucionara por la que atravesaba Lassalle, le llevó a afiliarse a la llamada "Liga de los Justos" o Liga Judía.

El carácter individualista y contestatario de Lassalle y su participación como agitador político-ideológico en las revueltas callejeras de 1848 *(terminó encarcelado),* le ayudaron a entablar una relación de amistad con los también hebreos Marx y Engels; y a convertirse en el máximo exponente de la Asociación General de los Trabajadores Alemanes. El radicalismo político de Lassalle a la hora de defender el ideario socialista, le llevó a fundar junto con otros partidarios de Marx, el Partido Socialdemócrata de los Trabajadores.

Para Lassalle, los obreros carecían de la conciencia social necesaria que les ayudara a comprender las leyes naturales que regían sus emolumentos, "Ley Natural de Población" *(subida de salarios, aumento porcentual de población, vuelta al estancamiento en el nivel de subsistencia y a los salarios mínimos).* Según las tesis social-nacionalistas de Lassalle, el Estado debía regular de una manera juiciosa *(confianza en el poder omnímodo del estado)*, el aumento de la renta en cada individuo según su productividad, sus necesidades de subsistencia y sus condiciones de vida *(Ley del Bronce).*

A pesar de que Lassalle prestó ayuda financiera e incluso judicial, en numerosas ocasiones, a Karl Marx, su relación ponto se terminó por enfriar después de haber mantenido una relación amorosa con una de las hijas de éste. Lassalle era partidario de una alianza entre el proletariado y la autocracia para derribar a la burguesía con miras a implantar el sufragio directo y universal en la sociedad, en cambio Marx defendía en sus tesis, la conveniencia de una alianza entre el proletariado y la burguesía en contra de la autocracia, con el propósito de implantar una dictadura proletaria, que con el tiempo derivaría en una sociedad administrada mediante el comunismo real. Aunque el socialismo de Lassalle *(más práctico y menos doctrinal)* difería en ciertos puntos con el de la ortodoxia marxista, coincidía con esta en un dogma básico para el ideario social-comunista, como es: *la supresión de la propiedad privada para ponerla en manos del Estado, naturalmente controlado por la influencia del elemento judaico..*

Lassalle trabajó incansablemente en la propagación del ideario social-comunista, intentando preparar moralmente al obrero ante la inminente revolución que, según él, se avecinada. En el año 1862, Lassalle publicó una de sus obras más famosas: *¿Qué es una Constitución?* y también el *"Programa de los trabajadores"*. En el año 1863 publicó *"Die Offenen Antworscheiben"* (Contestaciones abiertas) y la obra *"Kapital und Arbeit"*, un trabajo lleno de burdos tópicos guerra-civilistas, cuya única utilidad era la de generar la típica agitación popular social-comunista de la época.

La etapa final en la vida de Lassalle llegaría en Berlín tras conocer a Helène von Dönniges, hija de un importante diplomático bávaro, de quien quedó perdidamente enamorado. Heléne ya estaba comprometida con el Conde von Racowitz pero eso a Lassalle no le importó demasiado. Se casó con ella en 1864 sin el consentimiento paterno. Cuando el patriarca de los Dönniges se enteró de lo sucedido, encerró a su hija Heléne con el propósito de que se olvidara de Lassalle y aceptara su matrimonio arreglado con el Conde von Racowitz. Al enterarse de la noticia, Lassalle montó en cólera y tras haber escrito numerosas cartas al padre de Heléne exigiéndole la liberación de a su amada, fuera de sí montó en cólera y retó al Conde Racowitz a un duelo en las afueras de Genova, donde finalmente, el 28 de agosto de 1865, cayó gravemente herido y terminó muriendo 3 días después.

En la personalidad de Lassalle podemos observar como confluyen todos los rasgos típicos de la psique semita: lujuria, ambición, ira…, lo cual le precipitó a su trágico aunque esperado final.

• **Eduard Bernstein**

Eduard Bernstein nació en Berlín el 6 de enero de 1850, pero a diferencia de sus correligionarios judíos, Bernstein procedía del seno de una familia obrera.

En 1872, las ideas revolucionarias del joven Bernstein le llevaron a afiliarse al Partido Socialdemócrata Alemán. Debido a la actitud golpista y desestabilizadora de los principales líderes raciales del socialismo en la Alemania de Bismarck, en 1878 Bernstein tuvo que exiliarse a Suiza tras la ilegalización de su partido. Este hecho marcó un punto de inflexión en las relaciones del judío Bernstein y la Alemania de Bismarck, a partir de entonces la enemistad profesada por Bernstein hacia el canciller Bismarck, no hizo sino que aumentar.

Durante su exilió helvético. Bernstein conoció a Marx y Engels. Gracias a la buena relación que entablaron entre ambos, le propusieron ponerse al frente del periódico del partido comunista. Su periplo revolucionario por territorio suizo le llevó a ser expulsado en 1888, refugiándose finalmente en Inglaterra, donde en el año 1889 escribió la obra *"Las premisas del socialismo y las tareas de la socialdemocracia"*. En dicha obra suavizaba los viejos dogmas comunistas, enmascarándolos bajo un perfil seudo-democrático que él denominaba: *nuevo socialismo*.

Bernstein despreciaba el llamado "socialismo científico", rechazando la guerra de clases y la dictadura del proletariado como medio de liberación de la clase trabajadora. Ésta salida de tono dentro del ambiente ideológico comunista, le enfrentó a la vieja guardia de la ortodoxia marxista (Rosa Luxemburgo, Kautsky...), los cuales consiguieron la reprobación pública de esta nueva herejía revisionista durante el congreso de Dresde en 1903. A pesar de las disputas internas surgidas tras su apostasía política, Bernstein siguió publicando diversas obras de tendencia, ciertamente marxista, como por ejemplo: *"Volwärts Sozialistatus" (Adelante Socialistas)*, *"Problemas del socialismo"* (de un carácter marcadamente revisionista y crítico hacia sus correligionarios) o el libro *"Zur Geschiscte und Theorie des Sozialismus"(Historia y Teoría del Socialismo)*.

En 1901, Bernstein obtuvo un cargo de diputado en el Reichstag y tras el conato revolucionario protagonizado por los comunistas en Alemania en 1918, fue nombrado Ministro de Hacienda del nuevo Estado Socialista alemán. Duraría poco tiempo en el cargo, una vez vencida la revolución tuvo que volver a exiliarse. En el año 1921 publicó su último trabajo "*Die Deutsche Revoluktion*", en el cual analizaba las causas del fracaso de la "revolución alemana" de 1918. Finalmente Bernstein fallecería el 18 de diciembre de 1932, siendo considerado por muchos como el padre de la social-democracia moderna.

• Heinrich Heine

Heinrich Heine nació en Düsseldorf (Alemania) el 13 de diciembre de 1797. De origen judío, fue el mayor de cuatro hermanos de un matrimonio de comerciantes de telas. En su infancia, Heine estudió en un colegio privado donde sólo se admitían estudiantes de origen hebreo. En 1819 se trasladó a la ciudad de Bonn para estudiar Derecho, pero debido a sus nulas aptitudes para el ejercicio de la abogacía, abandonó la carrera al año siguiente.

Durante su estancia en Hamburgo, mientras estudiaba la carrera de derecho, vivió en la casa de su tío Salomon Heine *(un rico banquero judío que había adquirido una gran fortuna mediante la utilización financiera de la usura con sus clientes),* lugar donde mantuvo una relación incestuosa con una prima suya llamada Amalie, hasta que finalmente Amalie, hastiada del carácter dictatorial de Heine, decidió poner fin a una situación tan anómala. La decisión tomada por su prima trastocó del todo a Heine, éste nunca aceptó del todo la ruptura sentimental. Esta primera decepción amorosa lo marcó para siempre envileciendo su carácter y con ello, atestando sus escritos de resentimiento hacia el romanticismo.

En 1821 se trasladó a Berlín para cursar filosofía. En Berlín, Heine entabló amistad con Hegel, al cual causó una profunda impresión debido a su furibunda diatriba anticristiana y a sus polémicos ensayos ridiculizando las viejas tradiciones que regían en la sociedad germana. Su comprometida labor política con el ideario comunista, le llevó a participar como activista intelectual en su defensa, quedando reflejado en varias de sus obras, en las que muestra abiertamente su simpatía por los conceptos socialistas inspirados en la Revolución Francesa, frente a la idea de los regímenes políticos que regían en los antiguos reinos germanos.

En su viaje a Poznan en 1822, reafirmó sus convicciones religiosas, convirtiéndose en un ferviente defensor del sionismo político e incluso pasó a formar parte de una logia masónica de nombre: "Zur aufgehenden Morgüenrote". Su radicalismo político y sus cínicos ataques al estado Alemán y a la Iglesia Católica, le granjearon la enemistad de un buen número de intelectuales alemanes, por lo que tuvo que huir a París en 1831. Finalmente Heine falleció en París el 17 de febrero de 1856, aquejado de una grave enfermedad ósea que lo mantuvo postrado en una cama los últimos días de su vida.

En la personalidad de Heine se puede distinguir un ferviente odio hacia los valores éticos y estéticos, por los que se regía el legado cultural de la sociedad germana de aquella época. Su devoción hacia el ideario dogmático sionista, le llevó a practicar una abierta animosidad hacia el mundo cristiano y hacia todo lo que este representaba en general, defenestrando y denigrando al pueblo indoeuropeo *(y en* especial al pueblo alemán), al cual culpaba del acomplejamiento histórico, racial, político y cultural del pueblo judío. El lector de Heine también podrá apreciar en sus escritos, una gran inquina hacia a los escritores románticos alemanes de aquella época, a causa de que estos superaban a Heine en talento, lo cual suponía una tortura para él, ya que Heine estaba completamente convencido de la superioridad moral del pueblo judío sobre los demás pueblos, al haber sido designados por Dios como sus representantes en la tierra. Esta desazón interna impregno por completo la diatriba de Heine *("el agonizante")* con el espíritu del resentimiento, típico de los intelectuales hebraicos.

–El Terror Rojo: El judío y su influencia en los regímenes comunistas

"Los pueblos de gentiles (no judíos) constituyen el prepucio del género humano que debe ser cortado."
(Libro de Zohar, s.n. con.)

Como norma general, al hablar de los regímenes comunistas en los medios oficiales se suele utilizar un tono benévolo y cómplice, que imposibilita cualquier tipo de condena práctica. El ejercicio de la memoria histórica sirve como advertencia para las generaciones futuras. Los rostros de los ideólogos y ejecutores del *Terror Rojo* representan a las dictaduras y regímenes más sangrientos, surgidos de las revoluciones obreras de carácter marxista. No hay que olvidar que el principal beneficiario del terror y el caos surgido tras las revoluciones comunistas que asolaron Europa en el siglo XX, fue el elemento sionista. Gracias a los desmanes cometidos por las autoridades comunistas, los judíos cosecharon de un modo infame, grandes éxitos a nivel social y económico.

Mediante la propagación del ideario socialista entre las clases más desfavorecidas de las naciones occidentales, consiguieron envenenar la conciencia de la clase trabajadora, corrompiendo su corazón y deshumanizando su conciencia religiosa, para implantar en ellos la mentalidad típica del esclavo. La corrupción de los altos funcionarios durante la etapa comunista fue más que evidente, aunque rápidamente la silenciaron bajo la esfera política del Terror Rojo permanente. La siniestra evocación del terror estatal como forma de entender la política en los regímenes comunistas, hace que sea aun más bochornoso el clamoroso silencio de la comunidad internacional a la hora de emitir una condena firme y enérgica contra las dictaduras marxistas que oprimieron Europa durante décadas.

El colmo de la frivolidad de los organismos internacionales, reside en el hecho de que los genocidas de los regímenes comunistas nunca fueran condenados por sus crímenes, terminando sus días plácidamente en sus respectivos "paraísos" proletarios; mientras los cadáveres dejados tras su paso se fueron amontonando para guardar las apariencias a nivel internacional.

La declaración por parte de los elementos revolucionares de la patria del proletariado, dio comienzo a la nueva era de la tiranía de la élite de los Amos del Pensamiento, la etapa más siniestra y longeva de nuestra historia; sepultada vergonzosamente junto con el silencio de los millones de víctimas que causó, gracias al telón de acero que protegió a los principales artífices de esta aberración. El recuerdo en la memoria de los pueblos tarde o temprano triunfará sobre la demagogia política de las instituciones, que permiten la difusión de símbolos de regímenes genocidas, que robaron la libertad durante décadas a los pueblos de Europa por servir a los intereses político-económicos del judío internacional.

El honor hacia la verdad impide que el recuerdo individual e interesado de algunos periodistas o historiadores sin escrúpulos, nos haga olvidar mediante el bloqueo de la memoria colectiva, los hechos que allí ocurrieron. Nuestro pasado nos confiere nuestra identidad y por ello la historia nos debe enseñar a actuar para no volver a repetir los errores del pasado. De ahí que debamos recuperar la identidad cultural y racial de nuestros ancestros, para impedir que elementos

ajenos puedan acceder al poder y perpetrarse en él mediante el
genocidio.

• Influencia judaica en el régimen comunista soviético

Al hablar de la revolución de Octubre, los investigadores actuales suelen obviar el hecho de que la caída del sistema zarista no se produjo a través de una revuelta de carácter obrero, en realidad se trató de un golpe de estado encubierto, dirigido por un grupo racial determinado. La historia de la revolución rusa suele ser examinada desde un punto de vista combativo e idealizado, pasando por alto la verdadera realidad del suceso en cuestión, de ahí que los pecados del comunismo suelan ser negados o directamente olvidados. No hay que minimizar el hecho de que la revolución de octubre sirvió como puente para el establecimiento del bolchevismo en Rusia, al posibilitar la infiltración en el gobierno ruso de elementos racialmente ajenos, influenciados por la doctrina sionista internacional.

El proceso revolucionario que culminó con la ascensión al poder de la élite bolchevique, se benefició notablemente de la situación política surgida tras finalizar la I Guerra Mundial, para poder consolidarse en el poder mediante la utilización del terror organizado. El objetivo de la revolución rusa no fue solo el de acabar con el régimen zarista, sino más bien el de exterminar a clases sociales enteras sin importar su culpabilidad o inocencia. La utilización del hambre como arma política contra la resistencia civil del pueblo a través del ejercicio de la huelga, se acentuó con la llegada al poder de los tiranos comunistas.

Gracias a la claudicación política del primer ministro Kerenski frente a los bolcheviques, la frágil legalidad democrática surgida tras la revolución de octubre, quedó totalmente deslegitimada. El partido bolchevique, encabezado por Lenin, se hizo con el control total del país, permitiendo que las garras del judaísmo internacional apresaran al pueblo ruso. La participación judía internacional en los sucesos de la revolución rusa fue tal, que incluso cabe mencionar el hecho de que hasta el mismo jefe del pelotón de fusilamiento que ejecutó al zar y a toda la familia imperial rusa (Yurovski), perteneció al pueblo judío. El desfile de personalidades judías en la cúpula dirigente del partido comunista (Grigore Zinoviev, Samuel Kaufman, Kukorsky, ...) tras la revolución de octubre, permitió que el judío Vladímir Ilich Ulianov, alias "Lenin", fuera elegido como primer presidente del gobierno de la Unión Soviética.

Lenin fue una de las figuras más destacadas dentro de la Rusia marxista. Su novelesca vida, repleta de profundas contradicciones y falsos mitos, le ha otorgado un rincón en la historia del siglo XX. Lenin nació en 1870 en el seno de una familia acomodada (*su padre fue consejero de Estado del zar Nicolás II)* y no en un barrio obrero, como tanto le gustaba proclamar en sus mítines. Al investigar la procedencia étnica de Lenin se puede observar a través de la amalgama racial de sus antepasados, que por parte de madre tenía ascendencia judía. Su conducta revolucionaria venía de familia, su hermano mayor, Alexander Ulianov, había sido ejecutado por atentar contra el zar Alejandro III. La muerte de su hermanó lo marcó profundamente y debido a ello, durante su estancia en la universidad de Kazán, fue detenido y deportado por sus actividades revolucionarias de carácter marxista. Las tesis de Lenin ocasionarían la fractura dentro de las filas del partido social-demócrata de Rusia, dando lugar a la creación de dos facciones ideológicas rivales: los bolcheviques y los mencheviques. Víctima de un atentado fallido perpetrado por un sector de su partido contrario al rumbo dictatorial que estaba tomando el gobierno salido de la revolución, Lenin consiguió que la mayoría de los miembros de la cúpula del partido comunista aceptaran su gobierno imperialista y burgués, sostenido por la ayuda militar de los soviets, dirigidos por su camarada Trotsky.

Lev Davidovich Bonstein, alias Trotsky, procedía del seno de una apoderada familia de terratenientes judíos de la zona ucraniana de Yanovka. Durante su etapa estudiantil en Nikolayev, Trotsky tomó contacto por primera vez con la doctrina marxista, lo que le llevó a organizar la *"liga obrera del sur de Rusia"*, motivo que le ocasionó ser desterrado a Siberia. Durante su exilio en la estepa siberiana, consiguió evadirse y llegar hasta Londres, gracias al pago de sobornos a funcionarios corruptos del régimen zarista. En su periplo londinense conoció a Lenin y a pesar de las discrepancias ideológicas entre ambos, terminaría por unirse al aparato político bolchevique. Trotsky había participado en la fracasada revolución de 1905 y al comienzo de la revolución de 1917, que terminó por derrocar al gobierno zarista; regresó a Rusia para participar en ella, motivo que le sirvió para ser elegido presidente del soviet de Petrogrado. Trotsky desempeñó un papel fundamental en la política del régimen autocrático de Lenin, ya que respaldó con el poder militar de los soviets, el golpe de estado dado por el partido bolchevique para derrocar del poder al pusilánime Alexander Kerenski. Gracias a la buena relación política que mantenía con Lenin, fue nombrado primer comisario de asuntos exteriores de la Rusia bolchevique y tras la creación por su parte del ejército rojo, fue designado comisario de guerra. Arrogante y de carácter autoritario, su labor como agente político represivo fue crucial para la supervivencia como estado de la Rusia soviética. La utilización del denominado Terror Rojo como medio de disuasión contra los disidentes políticos del régimen, afianzó a Lenin en el poder. Las cruentas represiones llevadas a cabo contra los mencheviques, los libertarios de Ucrania, los marineros del golfo de Finlandia,...; teñirían de sangre inocente la estepa rusa. Pero Trotsky no era el único judío en el gobierno de Lenin, el 80% de los comisarios políticos del régimen comunista pertenecían a la etnia hebrea: Félix Dzerjinski comisario de seguridad interna, Iakov Sverdlo comisario del comité ejecutivo, Volodarski comisario de prensa y propaganda, Kaufman comisario de la política territorial, Lilianan comisaria de abastecimiento...

A finales de 1921 la salud de Lenin empeoró notablemente (*debido a la sífilis que padecía*) y con ella su papel como dirigente dentro del régimen soviético. Lenin temía que tras su muerte se abriera dentro del seno del partido un frente común por la obtención el poder, ya que tanto Trotsky como Stalin *(ambos judíos)*, aspiraban a sucederle. Lenin dictaría un memorándum recomendando que se apartara a Stalin de la secretaría general del Partido Comunista, en favor del judío Trotsky. En sus últimos días de vida, Lenin yació moribundo preguntándose si había traicionado a la revolución proletaria, por no haber hecho lo suficiente para haber impedido que el tirano georgiano Stalin, se hiciera con las riendas del poder. Finalmente fallecería el 21 de enero de 1924, bajo la sospecha de haber muerto envenenado por orden de su discípulo Iosif Stalin.

Al ser una ideología incoherente, debido a sus contradictorios dogmas oficiales, el sistema de gobierno comunista no podía permitirse la línea ideológica Trotskista. El Troskismo conllevaría el derrumbe, por su propio peso, del aparato ideológico del partido. A día de hoy, cuando los comunistas actuales reniegan de la figura de Stalin, olvidan que fue gracias a la política militarista llevada a cabo por el tirano georgiano, que el tumor marxista se afianzó en el gobierno ruso. Sorprende comprobar el hecho de que Stalin tuviera una insignificante influencia dentro del aparato político del partido tras la revolución bolchevique y que gracias a la muerte de Lenin, pasara a ocupar el cargo de máximo dirigente de la Unión Soviética, convirtiéndose en uno de los mayores genocidas de todos los tiempos.

Iosif Vissarionovich Dzhugashvili, más conocido como Stalin, fue el segundo dirigente político de la Unión Soviética. Stalin nació en la región georgiana de Gori en 1879, en el seno de una familia de artesanos judíos. Su padre era alcohólico y cada vez que éste se emborrachaba, tenía como costumbre maltratar a su mujer y a su hijo de forma habitual. Estas palizas constantes hicieron de Stalin un joven frío, calculador y con una carencia total de apego emocional. El abandono familiar por parte de su padre, propició que en la psique de Stalin se generara un sentimiento de rechazo total hacia cualquier símbolo de autoridad.

Durante su etapa como estudiante tomó contacto por primera vez con la ideología marxista, gracias a las enseñanzas de un maestro judío llamado Noha. Fue expulsado del seminario en el que estudiaba, debido a sus actividades revolucionarias de carácter marxista, y se unió a la facción bolchevique de Lenin, organizando un grupo paramilitar encargado de asaltar bancos para la financiación del partido. La ambición política de Stalin le llevó a ser nombrado en 1922 secretario general del partido comunista. Ante el creciente poder burocrático acumulado en sus manos, Lenin hizo un llamamiento a la cúpula dirigente del partido para apartarlo del cargo. Pero su intento fue pueril, Stalin había conseguido aliarse con el ala izquierda del partido (*Zinoviev y Kamenev, ambos judíos*) para lograr imponerse políticamente a Trotsky. Durante los últimos días de Lenin, Kamenev (*judío jefe del soviet de Moscú*) asumió el papel de jefe de gobierno del Sovnarkom y también del Polítburo junto a Stalin y Zinoviev (*judío colaborador de Lenin en el exilio*). El triunvirato consiguió desprestigiar la figura de Trotsky ante la cúpula dirigente del partido, forzándolo a dimitir como comisario del pueblo, del ejército y la flota; y también de la jefatura del consejo revolucionario.

Si algo nos ha enseñado la historia, es que la insaciable sed de poder implícita en el carácter judío tarde o temprano tiende a salir a la luz. Tras haber arrinconado políticamente a Trotsky, el triunvirato formado por Kamenev-Stalin-Zinoviev tuvo un trágico aunque esperado final. Tanto Zinoviev como Kamenev fueron encausados y condenados a muerte en el llamado "*Juicio de los 16*", una parodia legal llamada a sentar precedente para los posteriores juicios políticos ordenados por Stalin. Tampoco Trotsky se libraría de la férrea justicia impartida por Stalin, fue deportado a Kazajistán para posteriormente ser expulsado de la URSS. Finalmente Trotsky sería asesinado en México por el catalán stalinista Ramón Mercader. La derrota de la facción trotskista dentro de la cúpula del partido, influyó en la leyenda negra creada por la historiografía mundial sobre el carácter antisemita del gobierno de Stalin.

La acusación de antisemitismo al gobierno stalinista, estaba basada en las purgas políticas llevadas a cabo dentro de la URSS entre los años 40 y 50. Esta tergiversación histórica benefició a la corriente sionista internacional, ya que sirvió para ocultar a los verdaderos promotores políticos y económicos de la barbarie comunista. Documentos actuales desclasificados por el gobierno ruso, acreditan la influencia del elemento sionista durante el gobierno de Stalin: Maxim

Moiseevich Litvinoff ministro de asuntos exteriores, Abraham Ianuarevin Visshinsky también ministro de asuntos exteriores, Andrei Gromyko embajador en Washinton, Yadanov ex-comandante de defensa, Lavrenty Beria ministro de industria pesada, Lev Zakharovich Mekhlis comisario político ...No cabe la menor duda acerca de la procedencia racial de la mayoría de los cargos políticos del gobierno stalinista, la minoría judía aparece siempre ligada al poder. La relación político-económica entre el régimen stalinista y los poderes fácticos del sionismo internacional terminó por resquebrajarse. Stalin, sintiéndose lo suficientemente poderoso como para librarse del yugo de la influencia hebrea, inició una purga dentro del partido para librase de los confabuladores judíos que habían participado en el complot de la dirección sanitaria del Kremlin. Esta decisión traería fatales consecuencias al dictador georgiano, ya que supuestamente moriría poco después debido a las secuelas ocasionadas por un ataque al corazón. El supremo dictador de la URSS, el padre de Europa oriental, el causante de más de 20 millones de víctimas inocentes; murió sorprendentemente por causas naturales, pero: ¿por qué sus últimos días están envueltos en el más absoluto secretismo? ¿A quién benefició la muerte del dictador? ¿Fue "ejecutado" quizás por sublevarse a la tutela de los poderes fácticos de la judería internacional? Stalin terminó siendo un peón prescindible para los intereses judíos dentro del marco político internacional.

Tras la muerte de Stalin, se restableció el poderío político judío con la elección como número uno del Kremlin del hebreo Gueorgui Malenkov *(secretario del partido comunista)*. En la etapa stalinista, Malenkov se había encargado de ordenar las ejecuciones de los comunistas disidentes con la política oficial del régimen, esto le ayudó a desplazar a Molotov como heredero del régimen stalinista. Durante el breve gobierno de Malenkov, los puestos relevantes de la administración comunista fueron ocupados por judíos: V. Merkulov ministro de control del estado, Zasyadko ministro de industria del carbón, Ustinov embajador soviético en Atenas, Ponomarenko ministro de cultura, Alejandro Kosygin ministro de industria ligera, Mikoyan ministro de comercio,... Malenkov fue el promotor del Pacto de Varsovia, pero a pesar de ello, su gestión administrativa fue realmente mediocre, lo que acarrearía su dimisión en 1955.

Tras el efímero régimen de Malenkov, el cargo de dirigente de la Unión Soviética fue ocupado por el judío Nikita Jruschev, más conocido como Kruschev. Kruschev había militado en el partido comunista de Ucrania, antes de ser ascendido como primer secretario del partido en la región de Moscú. Tras acceder al cargo como dirigente del partido, Kruschev intentó enmendar los errores cometidos por su antecesor desatando una furibunda campaña anti-stalinista, buscando así librarse de la vieja guardia del partido para ganarse el favor económico de los lobbys judíos internacionales. Por ello destituyó del cargo de ministro de interior al judío Lavrenti Beria, antiguo comisario de asuntos internos encargado de las deportaciones en masa de chechenos y alemanes hacia Asia central; y forzó también la dimisión del primer ministro Bulganin, asegurándose su supremacía política a nivel estatal. La carrera armamentística de la era Kruschev,se vivió la llamada crisis de los misiles de Cuba con los Estados Unidos. La mala gestión del conflicto y sus pésimos datos económicos a nivel nacional, le llevaron a presentar su dimisión en 1964.

La destitución de Kruschev como primer ministro trajo al poder Leonid Brézhnev. Leonid Brézhnev fue una "rara avis" dentro del panorama político comunista de la URSS, ya que no pertenecía a la etnia judía.

Durante su mandato se interesó más por las cuestiones políticas exteriores, que por el saneamiento económico del gigante soviético. Ordenó aplastar el levantamiento político y civil en Praga (la Primavera de Praga) y decretó la invasión de Afganistán. Finalmente moriría de una dolencia cardiaca en 1982.

El testigo envenenado de la sucesión de Brézhnev lo recogió el judío Yuri Andrópov. Hasta su nombramiento como jefe de estado, Yuri dirigió la siniestra policía del régimen (KGB), a la que encomendó la tarea de la represión de los patriotas húngaros que se habían alzado contra el tiránico régimen soviético. En el mandato de Andrópov se fomentó la represión estatal del gobierno polaco hacía la iglesia católica, después de la elección como Papa del polaco Juan Pablo II. La política exterior durante la etapa de Andrópov se centró, principalmente, en la subvención de grupos paramilitares de carácter marxista en el tercer mundo (Managua, Nicaragua,...) como medida de presión para hacer frente al aislacionismo internacional al que le tenía sometido los Estados Unidos. Finalmente Adrópov abandonaría la política debido a su delicado estado de salud. Con la renuncia de Andrópov terminaría la hegemonía política de los líderes judíos en el comunismo soviético. Tras abandonar la presidencia del partido, pasaría a sucederle en el gobierno el siberiano Konstantín Chernenko.

Desaparecido ya el gigante soviético podemos afirmar, al evaluar la trayectoria del régimen judeo-comunista de Moscú, que el pretendido derecho de libertad emanado de la revolución proletaria de Rusia, no existió más que en la teoría. El predominio judío dentro del aparato político del partido comunista, condenó a la miseria a la gran mayoría del pueblo ruso. El elemento principal que avaló la supremacía política del judío dentro del régimen soviético, fue el monopolio del capital internacional en manos hebreas. Los lobbys sionistas internacionales dedicaron gran cantidad de recursos económicos para lograr subyugar al pueblo ruso, inculcando en sus gentes la mentalidad típica del esclavo, destruyendo la espiritualidad religiosa   para suplantarla a continuación por la cultura de lo material en su máximo exponente: *el materialismo marxista*. El supuesto patriotismo de la era soviética no fue más que una mera patraña, destinada a enmascarar el verdadero gobierno global dirigido por los poderes fácticos sionistas. No resulta difícil intuir el hecho de que la revolución bolchevique en Rusia, fue una creación judía y como tal, el único fin que se persiguió con ella fue el de la aniquilación de la sociedad Occidental y del pensamiento moral cristiano, para implantar un nuevo gobierno supranacional dirigido en la sombra por el ente sionista.

• Influencia judía en el comunismo alemán anterior al III Reich

En el debate histórico actual, es inútil presentar artículos o documentos que acrediten la influencia que tuvo el elemento judío en la élite comunista de Alemania, antes de la elección democrática del candidato nacional-socialista Adolf Hitler. El sionismo internacional sabe que la elección del candidato nacional-socialista Adolf Hitler, se debió a la decisión libre y democrática de los ciudadanos germanos, los cuales hartos de las conjuras golpistas de los partidos comunistas, se propusieron terminar de una vez por todas, con la hegemonía político-financiera de los poderes fácticos en Alemania. Esta verdad histórica resulta incómoda para el monopolio político-mediático de los Amos del Pensamiento, ya que los pilares dogmáticos en los que se fundamenta su actual imperio transnacional, pueden verse seriamente cuestionados si nos detenemos a evaluar por un momento la verdad intrínseca en los sucesos que derivaron en la constitución del gobierno del III Reich. La historia de la Alemania nacional-socialista nos enseña como una pequeña minoría racial, enquistada en el seno de los órganos civiles, financieros y burocráticos de una gran nación; puede ser vencida una vez que el pueblo se sacuda el yugo de la ignorancia que lo oprime, imponiéndole una moral de esclavo.

La diosa fortuna quiso que la revolución proletaria que tanto ambicionaban los poderes fácticos de la judería internacional, triunfara primeramente en Rusia, un estado anacrónico a medio camino entre la civilización Occidental y el barbarismo Oriental; y no en Alemania, centro étnico-espiritual del pueblo indoeuropeo y baluarte industrial de la vieja Europa. Alemania debía convertirse en la punta de lanza del movimiento revolucionario comunista en Occidente, al ser en aquella época uno de los países más industrializados y por ende, con mayor número de masa proletaria en las ciudades. La nación germana fue la cuna de la gran mayoría de los "teólogos" judíos de la doctrina comunista. Según la visión "geoestratégica" del elemento sionista, la revolución proletaria estaba predestinada a triunfar en Alemania, la cual serviría como ejemplo a imitar para el resto de naciones Occidentales.

A raíz de la extraña situación política vivida en Alemania durante los últimos coletazos del conflicto mundial, los conspiradores masónico-comunistas aprovecharon el vacío de poder existente en Berlín para alzarse contra el régimen monárquico, instaurando en su lugar una breve república de corte comunista. Los principales instigadores de la intentona golpista fueron los judíos Rosa Luxemburg y Karl Liebknecht. Rosa Luxemburg nació en 1870 en el seno de una familia judía en Polonia. En 1905 fue condenada por alentar, durante la revolución polaca, la práctica de acciones subversivas (*terroristas)* de tinte socialista en contra del gobierno. En el año 1895 tuvo que exiliarse a Alemania, escapando de las causas penales que tenía pendientes por las acciones terroristas llevadas a cabo en Polonia. Pronto Rosa Luxemburg destacó por su fanatismo en los ambientes políticos de la extrema izquierda alemana, lo que le llevó a fundar junto con Karl Liebknecht, judío nacido en Leipzig en 1871, el grupo paramilitar de ideología comunista: Spartakus. Al igual que su correligionaria Rosa, Karl había participado en acciones subversivas de carácter socialista desde su juventud, lo que le llevó a ser condenado en 1908 por alta traición, debido a sus escritos en contra del estado alemán.

La derrota de Alemania en la I Guerra Mundial propició la firma del vergonzoso Tratado de Versalles. Con la derrota germana, la influencia político-económica del elemento judío se extendió como una pandemia dentro del territorio, infectando con su "excepcionalismo" mesiánico todos los estamentos de la vida pública y privada de Alemania. No sorprende comprobar el hecho de que la mayoría de los delegados alemanes encargados de negociar las humillantes condiciones de rendición tras la capitulación, fueran en su mayoría judíos que simpatizaban con el ideario comunista: Walter Ratenau (judío masónico de la orden B´nai B´nth) Wassermann, Dr. W. Strauss, Max Warburg, Merton...

La influencia de la judería internacional en la cúpula dirigente de las naciones capitalistas, condenó a un país a la miseria, logrando que la masa proletaria de Alemania se unificara bajo los símbolos de la hoz y el martillo, con el propósito de minar la resistencia moral, política y civil del pueblo indoeuropeo. A finales de 1918 y principios del 19, aprovechando el caos surgido en Alemania a causa de la guerra y tras la proclamación de la República de Weimar debido a la abdicación del Kaiser; los Spartakistas (*liderados por Rosa y Karl*) intentaron implantar una República Socialista en Alemania de carácter muy similar a la que había dado lugar la revolución bolchevique en Rusia. Tras varias semanas de una encarnizada lucha fratricida y miles de alemanes inocentes asesinados por la ambición política del elemento sionista; las fuerzas militares leales al gobierno alemán consiguieron sofocar la insurrección comunista apresando a sus líderes. Al final, Rosa Luxemburg y Karl Liebknecht fueron juzgados por el fallido golpe de estado y condenados a muerte por alta traición, falleciendo el 15 de enero de 1919. La aparente derrota propinada a los conspiradores comunistas, no minó la influencia semita durante la República de

Weimar sino que esta aumentó, proyectando su oscura sombra sobre el destino de la Alemania de principios del siglo XX.

La población judía en la Alemania de Weimar representaba tan solo un 2%, pero en cambio controlaba casi la totalidad del activo financiero depositado en las cajas de ahorros, al igual que también controlaba la mayor parte de la prensa escrita. Esto en la práctica le otorgaba un poder de presión político incalculable, granjeándose con ello el apoyo de los burócratas alemanes afines a la ideología comunista. Gracias a la presión ejercida por los lobbys económicos judíos de la Alemania de la post guerra, el criminal de guerra anti-germano *(firmante del infame Tratado de Versalles)* Walter Rathenau, pasó a formar parte del gobierno de la República Alemana como ministro de construcción y de asuntos exteriores. Walter Rathenau había nacido en Berlín en 1876. Su padre era un rico empresario judío que dirigía la Sociedad General de Electricidad y la muerte de éste, Rathenau pasó a ocupar su puesto de dirigente, convirtiéndose así en el mayor empresario industrial de Alemania. Desde su juventud, Walter se distinguió por sus ideas bolcheviques sobre la organización económica del estado, lo que le llevo a participar activamente en la masonería, tratando de desestabilizar la estructura gubernamental alemana para facilitar la implantación de un régimen de corte soviético. En su etapa como ministro de asuntos exteriores, firmó el famoso Tratado de Rapallo con la Unión Soviética, pura pantomima de las relaciones internacionales. Lo único que se procuraba mediante la firma de este acuerdo era el lavado de imagen del régimen soviético, socavando el sistema político de las naciones occidentales, para posibilitar la infiltración de elementos comunistas que ayudaran mediante las revueltas populares, a implantar la dictadura del proletariado dirigida desde Moscú por el elemento judío. Las incesantes intrigas políticas del elemento judío durante la República de Weimar le hicieron perder toda su credibilidad y con ella, también la de sus corruptos cargos políticos. Rathenau caería ajusticiado, víctima de sus pactos con oriente.

Alemania comenzaba a despertar de su largo letargo. El pueblo germano alzaba tímidamente la voz, contra el poder imperialista de los usureros que le habían mantenido oprimido durante décadas. Los vientos del norte traían nuevos aires de cambio destinados a barrer del continente a los conspiradores comunistas, que tantos estragos habían causado. Los viejos ideales indoeuropeos comenzaban a resurgir furtivamente en las conciencias del pueblo trabajador, un nuevo futuro para Europa se dibujaba en el horizonte con la ascensión al poder del nuevo Fürher: Adolf Hitler.

• Dirigentes judíos en la Alemania Oriental Comunista

Al finalizar la Segunda Guerra Mundial, Alemania se encontraba incapacitada económica y militarmente para decidir su futuro más próximo. Las potencias vencedoras la consideraban culpable de la contienda y como tal, debía supeditarse a las decisiones políticas que estas tomaran. Alemania era un país destruido casi en su totalidad y su porcentaje de población se había visto reducido drásticamente, como consecuencia de los atroces bombardeos a los que se sometió a la población civil durante la contienda. Esta situación de indefensión, propició que la mayor parte del territorio alemán fuera expropiado por sus vecinos, bajo el amparo de la supuesta legalidad internacional.

Aprovechándose de su posición privilegiada en el plano político internacional, el comunismo soviético hizo prevalecer su poderío militar para extender su influencia dentro del territorio de Alemania del este. El reparto de Alemania propició la creación de la nueva República Democrática de Alemania Oriental. La República de Alemania Oriental fue uno de los principales estado-satélite de la URSS en centro-Europa, desempeñando la función de centinela del Kremlin frente a las aspiraciones Occidentales en la zona. La organización político-social que regía los designios de la población de germania oriental estaba inspirada en el sistema clásico establecido por Lenin: división territorial por un lado y por otro, división de los centros de producción. Este sistema estaba regido a su vez por 15 organizaciones provinciales del Partido Comunista, más 262 organizaciones municipales, la gran mayoría de ellas dirigidas por elementos de procedencia étnica judía. El gobierno comunista de la Alemania oriental era compartido por judíos y alemanes de filiación masónica. Entre los elementos gubernamentales comunistas de pertenencia étnica judía, nos encontramos por ejemplo con el judío Gerhtar Eisler.

Eisler fue un prominente miembro del partido comunista durante la República de Weirmar, al igual que su hermana Ruth Ficher y su hermano Hanns Eisler. Eisler era conocido en el ambiente comunista con el sobrenombre de *"el verdugo"*, ya que se encargaba de la depuración de los agentes disidentes dentro del telón de acero, además de trabajar como agente encubierto para la Komintern en los Estados Unidos. En 1950 tuvo que abandonar los EEUU tras ser descubierto realizando labores de espionaje a las ordenes del régimen soviético. Finalmente regresó a Alemania oriental, lugar donde se le concedió el cargo de director de propaganda del régimen. Eisler no fue el único judío que se benefició del gobierno comunista de Alemania oriental. Revisando los cargos políticos del gobierno comunista de Alemania oriental nos topamos con Wilhelm Zaisser.

Wilhelm Zaisser nació en Gelsenkirchen el 20 de junio de 1893. Trabajó como profesor en la universidad de Essen, hasta que fue expulsado por su filiación al grupo terrorista de carácter marxista: *"The Red Rurh Army"*. Zaisser, al igual que otros líderes judíos del marxismo, se formó política y militarmente en la academia Frunze de Moscú, además trabajó activamente para el Ejército Rojo como agente del servició de inteligencia de la Komintern en China y la República Checa. Zaisser también participó como agente soviético en la contienda civil Española al mando de la Brigada XIII del ejército republicano, con el sobrenombre de *"General Gómez"*. Su periplo internacional a las órdenes de Moscú, le llevó a arribar políticamente en la Alemania de post-guerra. Tras formar parte del gobierno del distrito de Sajonia-Anhalt, en 1949 accedió al cargo de miembro de la Asamblea Legislativa de Alemania Oriental (Volkskammer) y en 1950 fue elegido como miembro del Politburó del comité central del partido comunista. El final político de la carrera de Zaisser llegaría tras ser cesado de sus cargos en 1953, debido a las disputas internas surgidas a raíz de la polémica administración de Zaisser de las fuerzas de represión de la *STASI*.

El aparato de represión policial de Alemania Oriental siempre estuvo estrictamente supeditado a las decisiones del Partido. Los jefes de las milicias policiales solían ser judíos en su gran mayoría, con ello se granjeaban el apoyo político y financiero de la élite financiera internacional. Dentro del aparato dirigente de la policía política comunista *(Volkspolizei)* del régimen de Alemania oriental, nos encontramos con el judío Hans Kahle.

Kahle había sido un antiguo Spartakista a las órdenes de Rosa Luxemburg y de Kart Liebknetcht. Como otros miembros de la Komintern internacional, Kahle participó en la contienda española al mando del Batallón Edgar André de las Brigadas Internacionales y durante la Batalla del Ebro, comandó la 45 división republicana. En la contienda mundial luchó bajo las órdenes del ejército soviético y como pago a sus labores prestadas, en 1946 se le otorgó el puesto de jefe de la Volkspolizei en la región Mecklenburg, hasta su fallecimiento en 1947.

Otra importante chekista de la Alemania Oriental fue la judía Hilda Benjamín, más conocida como *"Hilda la roja"*. Hilda nació en Bernburg, Sajonia-Anhalt, y cursó la carrera de derecho en Berlín, ciudad en la que trabajó posteriormente como abogada para la organización comunista Rote Hilfe. En 1927 se afilió al partido comunista, del que fue nombrada miembro en 1954. Durante la contienda mundial, trabajó como agente comercial para una asociación soviética en Berlín. Terminada la guerra, fue elegida por la cúpula dirigente del partido como vicepresidenta de la corte suprema de la República de Alemania Oriental. Pronto Hilda se ganó el apodo de *"Madame Guillotine"*, por las numerosas sentencias de muerte dictadas en los juicios que presidía, contra los disidentes políticos del régimen comunista. Para Hilda, la democratización de la justicia era un síntoma de debilidad política, de ahí su fanatismo ideológico a la hora de emitir las sentencias. Desempeñó un papel fundamental en la reorganización del código penal de Alemania oriental, al imprimir el sello estalinista en el sistema jurídico del país. En 1967 fue obligada a dimitir de su cargo por las discrepancias internas surgidas a raíz de su fanatismo ideológico, considerado un lastre para el reconocimiento internacional de la RDA. Terminaría por ocupar la presidencia judicial de la "Deutsche Akademie für Staats-und Rechtswissenschaft" en Potsdam-Babelsberg, hasta su fallecimiento en Berlín oriental en 1989.

Al evaluar la trayectoria política de los cargos judíos en el régimen comunista de Alemania Oriental, debemos hacer un alto en el camino para recordar al político más infame de todos, hablo de Walter Ulbricht. Walter Ulbricht procedía del seno de una familia judía de la ciudad de Leipzig. Durante la Primera Guerra mundial, en la cual desertó dos veces del frente, se afilió a la "famosa" *Liga Spartakista (que bien podría llamarse: La Liga Sionista, por la procedencia étnica de sus miembros).* En 1918 participó en la creación del Partido Comunista Alemán, del cual sería elegido secretario general en 1950. Al ser diputado de la Reichstag y miembro del comité central del partido comunista, cuando el canciller Adolf Hitler accedió democráticamente al poder; Ulbricht huyó a Rusia y se puso a trabajar bajo las órdenes de la Komintern como agente encubierto de la NKVD en: París, Moscú e incluso en el conflicto Español. Tras la ocupación de Berlín por las tropas soviéticas al finalizar la Segunda Guerra Mundial, Ulbricht regresó a Alemania para colaborar con las tropas de ocupación rusas, organizando el aparato administrativo de la zona soviética. Ulbricht fue elegido vice-primer ministro en 1949 de la nueva República Democrática Alemana y en 1960, pasó a ocupar la jefatura del estado. La mala administración económica de Ulbricht, generó que en la zona de Berlín oriental se produjeran revueltas populares motivadas por la escasez de alimentos. Este levantamiento popular fue sangrientamente aplastado por las tropas soviéticas, bajo el mandato de Ulbricht. La República Democrática de Alemania debía erigirse como una gran potencia mundial y por eso para Ulbricht cualquier insubordinación que afectara a sus planes megalómanos, sería considerada como un acto de traición. Su carácter dogmático y su celo excesivamente nacionalista, le llevó a tomar una de las más infames decisiones políticas de la historia: *la construcción del Muro de Berlín*. El motivo principal de este innoble acto, fue el de impedir la huida masiva de ciudadanos a la RFA a occidente, los cuales buscaban únicamente escapar del tiránico régimen dictatorial de los títeres políticos impuestos por la Unión Soviética. Durante 28 años el Muro de Berlín separó a un mismo pueblo, a una misma nación, a familiares, amigos; y todo por el egocentrismo político y la avaricia económica de una panda de cuatreros marxistas, seguidores de los dogmas mesiánico-imperialistas judíos. Tristemente, el criminal político Walter Ulbricht se mantuvo en la jefatura del estado hasta su fallecimiento en 1973, sucediéndole en el cargo el comunista Erich Honecker.

La nación que hoy conocemos como Alemania, no tiene nada que ver con el glorioso pueblo que fue antaño. Las décadas de ocupación militar y su división territorial finalizada la contienda mundial, marcaron profundamente la psique del pueblo germano. Cualquier atisbo de resurgir patriótico en la población alemana, hace que la prensa sionista internacional despierte los fantasmas del nazismo y el supuesto Holocausto, para acallar cualquier iniciativa a favor de la defensa de la identidad cultural y racial del pueblo alemán. El complejo de auto-culpa inculcado en las mentes de las nuevas generaciones de alemanes, favorece la implantación de un régimen multirracial, comandado en la sombra por el elemento judío. Hasta que Alemania no haya destruido la serpiente simbólica del poder sionista, no será definitivamente libre.

• La influencia judía en el comunismo Rumano

En el transcurso del pasado siglo XX, la influencia masónica gozó de gran simpatía entre las autoridades rumanas, gracias a ello, el hedor del elemento sionista impregnó con su mesianismo religioso, todos los estamentos sociales y políticos de Rumanía. La inmigración judía hacia el territorio romaní procedía principalmente de Polonia y Hungría. Como siempre ha ocurrido en las naciones que han acogido bajo su seno al desterrado hebreo, los cargos políticos más influyentes dentro de la administración rumana, fueron ocupados por el elemento semita, respaldado por el poderío económico de la judería internacional. La influencia judía era tal en la alta sociedad rumana en aquella época, que pronto el propio rey Carol II contrajo matrimonio con una judía llamada Lupescu, buscando ganarse el favor de los poderes fácticos de la masonería internacional. El elemento judío también consiguió infiltrarse dentro del círculo castrense y judicial. Extensas franjas de terreno del área rural de Rumanía, fueron adquiridas por grandes empresarios judíos a muy bajo coste, obteniendo cuantiosos beneficios. Esta situación de corrupción estamental por parte de un elemento ajeno a la nación rumana, produjo innumerables revueltas que terminaron con la abdicación del rey Carol II y de toda su camarilla sionista.

Tristemente, sobre el sino del pueblo rumano se ceñía un aciago y oscuro final, que terminaría por instaurar al judío en el poder bajo una crueldad nunca vista, que oprimiría a la nación rumana durante décadas. Tras la derrota del III Reich, Rumanía pasó a ser ocupada por las tropas soviéticas del ejército rojo. Terminada la contienda, los judíos volvieron a usurpar el poder político, esta vez amparados bajo la órbita comunista. La primera víctima del Terror Rojo instaurado en Rumanía por la élite hebrea, fue el Mariscal Antonescu: ex-jefe de estado y antiguo mecenas de la judería rumana. En este caso se podría extrapolar la máxima del cónsul romano Servilio Cepión: *"Roma no paga a traidores".*

En el gobierno del Terror Rojo en Rumanía, el 90% de los principales cargos gubernamentales fueron desempeñados por judíos, al igual que los puestos más influyentes dentro de la sociedad intelectual: universidades, industria, prensa…. El aparato político del partido comunista de Rumanía estaba supeditado a las órdenes del Kahal judío de Bucarest. Este órgano político-religioso influía a la hora de elegir a los principales líderes que gobernarían al pueblo rumano, con lo cual no resulta sorprendente observar como la mayoría de los mandatarios rumanos durante la etapa comunista, pertenecieran a la étnia judía. Este fue el caso de la presidenta de la República comunista rumana: Anna Rabinshon.

Anna era hija de un rabino judío que había emigrado a Rumanía desde Polonia. En 1919 se vio envuelta en una conspiración para asesinar a los miembros del Senado de Bucarest, durante la cual el presidente del Senado rumano fue asesinado. Para evitar ser apresada, se refugió en Suiza donde cambió su apellido por el de Pauker. Debido a su afinidad con el comunismo, Anna emigró a Rusia junto a su esposo, oficial del ejército rojo. El matrimonio Pauker no duraría mucho. Tras la huída a México de Trosky, Anna denunció a su esposo a la GPU por considerarlo un agente encubierto del troskysmo. Con el fusilamiento de éste por alta traición, Anna fue enviada a Rumanía como agente encubierto para encabezar un levantamiento comunista. Anna fue descubierta por el régimen rumano y condenada a 10 años de prisión por conspiración, pero su período de reclusión no duraría mucho. La invasión por parte del ejército soviético de la zona rumana de Besarabia y Bucovina, trajo su liberación tras un canje de prisioneros entre las dos autoridades. Durante la contienda mundial Anna se refugió en Moscú, hasta que a finales de 1944 regresó a Rumanía convertida en comandante política del ejército rojo. Con la creación de la República Popular Rumana, fue nombrada ministra de asuntos exteriores y en 1945 pasó a presidir el gobierno comunista rumano. Junto a ella, los puestos clave de la administración estatal rumana fueron ocupados por judíos: Teohari Georgescu como ministro del interior, Lotar Radaceanu *(acusado más tarde por sus propios compañeros de partido de colaboracionismo con el régimen alemán durante la Segunda Guerra Mundial)* como secretario del comité central del Politburó,... Bajo el mandato de Pauker se persiguió ferozmente a la población católica, restringiendo su derecho a la libertad de culto bajo pena de trabajos forzados. Anna se convirtió en una pieza clave en Rumanía para el Kremlin y para la judería internacional, hasta que en 1952 fue acusada de desviacionismo por el comité central del Partido comunista, lo que acarreó su expulsión del cargo. En 1956, terminaría siendo cesada como ministra de asuntos exteriores.

La influencia judía en el gobierno comunista rumano se perpetuó con la elección como presidente del judío Iosif Kishinevsky. Iosif procedía de la zona de Besarabia y en realidad su verdadero nombre era el de Ioska Broitman. Al igual que muchos cargos judíos del gobierno comunista, Iosif se había "rumanizado" el nombre para así distorsionar la percepción real del poder judío en el gobierno rumano. Gracias a que era miembro del comité central del partido comunista, ocupó el cargo de vicepresidente en el consejo de ministros. Tras la defenestración política de Anna Rabinshon, Iosif pasó a ocupar el puesto de agente número uno en Rumanía para el Kremlin, siendo nombrado presidente de la República Comunista Rumana. El destierro de la vida política de la judía Anna Rabinshon no solo benefició a Iosif Kishinevsky, sino que hasta su propia secretaria, Ilka Wuasserman, sacó tajada de la situación, ascendiendo dentro de la cúpula del partido hasta ocupar el puesto de ministra de asuntos exteriores. Es obvio el hecho de que Ilka Wuasserman también era judía.

La lista de personalidades judías que se beneficiaron políticamente de la invasión soviética de Rumanía, sirve para ilustrar hasta dónde se extendió y ramificó la influencia hebrea dentro del régimen comunista rumano. Mientras la sociedad cristiana Occidental era aplastada bajo la bota de la tiranía comunista, la influencia política y económica judía prosperó vertiginosamente. El ministerio de economía rumano estaba en manos del judío Lew Zeiger, la subsecretaría del estado estaba presidida por el judío Simón Oieru, el ministerio de asuntos interiores estaba dirigido por Teohari Georgescu *(que había sucedido en el cargo al judío Burach Tescovicht)*, el ministerio de industria, minas y carbón por Miron Constantinescu,... La lista de altos cargos ministeriales rumanos con ascendencia étnica judía continua. Su implicación con el régimen comunista de Rumanía fue total y absoluta. Pero no solo ocupaban puestos ministeriales, el aparato de represión judicial y policial también se vio invadido por el elemento semita. Esta nueva forma de entender la política mediante la tortura, represión judicial y policial, aseguraba la supremacía sionista a nivel político. Los opositores al tiránico régimen comunista temían ser arrestados por la terrible policía militar, bajo el falso pretexto de ser considerados *"enemigos del pueblo"*. Pero, ¿a qué pueblo se referían, al pueblo rumano o a la élite racial que los oprimía?

Los supuestos *"enemigos del pueblo"* eran en realidad, los enemigos de la camarilla de conspiradores y asesinos que ocupaban los altos cargos de la administración comunista y casualidades del destino, la gran mayoría pertenecían al *"Pueblo Elegido"*: Son tristemente célebres los comisarios políticos de Bucarest de origen judío: Salomón y Kweiler, quienes ordenaron y en algunos casos participaron, en cruentos crímenes de represión que avalaron la *"Política del Terror"* dictada por el régimen comunista romaní. Cabe destacar que la región de Bucarest se distinguió especialmente por el origen racial de sus miembros policiales y militares, la gran mayoría pertenecientes al *"Pueblo Elegido"*: el general Moisés Haup, el coronel Holban,... El servicio secreto rumano también se encontraba invadido: Heim Gutman, el general William Suder, el jefe del servicio de espionaje económico Stapnnau,...

Ningún estamento de la vida pública se escapaba del férreo control establecido por el régimen comunista y sus aliados judíos. La falta de libertad era patente, la policía secreta del estado, comandada por comisarios políticos, arrestaba y hacía desaparecer a cualquier opositor que osara enfrentarse al régimen. Incluso en el ambiente intelectual de las universidades rumanas, el férreo control comunista interfería en la educación de la nueva élite intelectual romaní, a través de sus esbirros sionistas: el crítico literario Silviu Iosifescu, el profesor Levin Bercovicht, el profesor Weigel, el presidente de la academia rumana Mihail Roller,... Mediante el control del ambiente intelectual de las universidades, el régimen comunista procuraba evitar que el ambiente estudiantil se movilizara para intentar acabar con la hegemonía política-mediática, que únicamente beneficiaba al elemento judío.

En todos los regímenes comunistas, el despertar intelectual de la masa proletaria siempre fue y será, el principal enemigo de la demagogia mediática de la oligarquía judía. La ignorancia del pueblo es su principal baluarte y únicamente terminando con esta, se logrará acabar también con la tiranía político-económica impuesta por la élite racial dirigente.

• Los judíos en el régimen comunista Húngaro

La problemática judía en el transcurso del régimen comunista húngaro, suele ser evaluada desde un punto de vista simplista y superficial. Etiquetan al pueblo húngaro con el cartel de antisemita, por su carácter anticomunista, y justifican la supremacía judía dentro del aparato político de la administración del régimen, como una muestra de la buena fe del pueblo judío en su busca, utópica, de una sociedad más justa e igualitaria. Antes del establecimiento del régimen comunista, Hungría era un país altamente industrializado, pero tras la invasión de las tropas soviéticas, la mayor parte de la maquinaria fue decomisada y enviada a territorio ruso, bajo el pretexto de cobrarse los costes de las reparaciones de la guerra, a causa del supuesto colaboracionismo del pueblo húngaro con la tropas alemanas durante la contienda mundial. A pesar de la presencia de las tropas soviéticas, Hungría vivió un corto espacio democrático con el gobierno del Partido de los Pequeños Agrarios, marcado por los abundantes saqueos, violaciones y deportaciones en masa. La inestabilidad civil vivida durante este período, fue fomentada desde las filas soviéticas, con la pretensión de influir en el resultado de las elecciones estatales, tras el regreso de los líderes judeo-comunistas húngaros del confortable exilio en el gigante ruso.

Gracias a la influencia semita en el aparato policial, la gran mayoría de los dirigentes opuestos al comunismo fueron "depurados" al más puro estilo soviético, siendo acusados de colaboracionismo y disolviendo el gobierno de coalición, lo que acarreó la convocación de nuevas elecciones. Estos comicios fueron supervisados directamente por el Mariscal soviético Voroshilov, dando la victoria al Partido Comunista de Hungría, encabezado por el judío Mátyas Rakosí, alias: *"el pequeño Stalin"*.

Antiguo primer ministro asistente durante la etapa de gobierno de Zoltán Tildy, Rakosí procedía del seno de una numerosa familia judía de la actual Serbia. Había participado junto al judío Béla Kun *(muerto en las purgas stalinistas bajo la acusación de agente troskista)* en la formación del partido comunista húngaro. Bajo el severo autoritarismo de Rakosí se aprobó una nueva constitución, en la cual se proclamó la nueva República Popular de Hungría a semejanza del modelo soviético. Bajo su régimen autoritario de corte stalinista, la economía se estancó a causa de su nefasta gestión, lo que ocasionó el descalabro de la industria agraria. La Iglesia Católica, fuertemente arraigada en la sociedad húngara, fue perseguida despiadadamente debido a su oposición a la barbarie del régimen dictatorial del sionista Rakosí. La detención del cardenal Jozsef Mindszenty, bajo la acusación de alta traición por ser considerado un agente encubierto de Occidente, da fe del ambiente represivo. Durante su cautiverio, el cardenal Mindsznety fue brutalmente torturado por el judío Emil Weil, con la complicidad del corrupto ministro de justicia: Gyula Déssi. Tras conseguir arrancarle una confesión forzada de culpabilidad, Mindszenty fue condenado a cadena perpetua. La era Rakosí se caracterizó por los miles de húngaros torturados y encerrados en campos de concentración por la policía secreta del régimen, dirigida por el judío Peter Gabor *(sustituido en 1954 por el judío Laszo Kiros)*. Al final Rakosí fue retirado, forzosamente, del cargo por la intervención directa del judío Nikita Kruchev, como consecuencia de las purgas anti-stalinistas que se estaban llevando a cabo en los territorios de la Unión Soviética.

Después de la destitución de Rakosí, la secretaria general del partido comunista húngaro fue ocupada por el judío Ernö Gerö, alias Pedro. Gerö había participado como agente del servicio secreto durante el gobierno comunal del judío Béla Kun, junto a los judíos Varga y Szánto. Tas el fracaso del gobierno Kun, Gerö se unió al comité ejecutivo de la Komintern, participando en la contienda civil española en el papel de agente instructor de las tropas republicanas, siendo conocido por los sobrenombres de Pedro o Guéré. En la etapa Rakosí fue ministro de Comercio y Transporte y en 1955 ocupó el cargo de vicepresidente. Su gobierno fue efímero, ya que tras la sangrienta represión ejercida contra el pueblo húngaro durante la revolución de 1956, con ayuda de los tanques soviéticos; fue destituido del cargo por János Kadar, al no haber sabido controlar a tiempo el levantamiento. Cabe mencionar que János Kadar fue nombrado miembro del Politburó gracias a la destitución del ex ministro de defensa Mihaly Farkas; y que accedió al cargo de la presidencia del partido, tras el aplastamiento del ala reformista del gobierno de tránsito de Imre Nagy, encabezado por el propio Nagy, el judío Vas Zoltan (viceministro de comercio exterior) y el comisario de depuración Szánto (*también judío*).

La entrega de Europa oriental por la coalición imperialista Occidental al gigante soviético, ocasionó que los patriotas húngaros debieran pagar su tributo de sangre por defender su tierra, de los designios mesiánicos de la élite intelectual sionista. Actualmente la situación político-social de Hungría no es mucho mejor. En sus fronteras se ha instalado un régimen "partitocrático" de corte democrático occidental, que impide que el pueblo húngaro sea por fin libre. La libertad es algo preciado que nunca debemos dejar que nos arrebaten, ya que si no, pasaremos a convertirnos en simples siervos de la elite económica internacional.

• Los judíos y el comunismo en Polonia

La influencia judía en la conferencia de Yalta, celebrada tras finalizar la Segunda Guerra Mundial, permitió que Polonia pasara a formar parte de los países satélites pertenecientes a la órbita del gigante soviético. A diferencia de otras naciones europeas, los polacos ya tenían experiencia en el trato con los bolcheviques y su terror bárbaro, debido a ello, rechazaron desde un primer momento la imposición del sistema de organización soviético. Pese a la heroica resistencia mostrada por la población civil ante el avance del barbarismo asiático, Polonia pasó a ser ocupada por un estado totalitario e inferior, culturalmente hablando. Con la ocupación de Polonia por las tropas soviéticas, la élite racial bolchevique desató una cruel campaña de represión político-social basada en el denominado Terror Rojo, contra todos aquellos considerados por el régimen como *"enemigos de clase"*. Así se aseguraban su supremacía como potencia colonizadora en el territorio polaco. Los asesinatos en masa y las deportaciones hacia la URSS fueron una constante, aunque ya en el pasado los bolcheviques habían dado muestras de su "respeto" hacia la libertad política y social. Como ejemplo de la barbarie judeo-comunista en territorio polaco, podemos encontrar el asesinato en masa durante la primavera de 1940, de 15.000 soldados polacos en la denominada "Matanza de Katyn"; la cual hábilmente la prensa judía internacional atribuyó al gobierno nacional socialista del canciller Adolf Hitler, para evitar los comentarios desfavorables a nivel internacional, sobre su retoño político: *El Comunismo.* No cabe la menor duda sobre la autoría de los millones de asesinatos cometidos en Polonia en pro de la teoría marxista, los directores y organizadores de los movimientos comunistas tras la implantación del bolchevismo en Polonia, fueron casi en su totalidad judíos. Como dato ilustrativo sobre la cuestión de la influencia hebrea en los regímenes del bloque soviético, se debe hacer especial mención al caso concreto de Polonia y la procedencia racial de su primer ministro tras la implantación del comunismo, para comprender mejor las sangrientas represiones llevadas a cabo durante este periodo.

A pesar de las represiones llevadas a cabo en territorio polaco por las tropas del ejército rojo, el primer referéndum celebrado en 1946, otorgó la victoria a la oposición del régimen bolchevique, pero los resultados oficiales fueron más tarde falseados por funcionarios afines al ideario comunista. No sería hasta la celebración de las elecciones en 1947, con la victoria del judío Boleslaw Bierut, que se sovietizaría a Polonia a marchas forzadas. Debido al clamoroso pucherazo de las elecciones de 1947, el antiguo primer ministro de Polonia en el exilio durante la Segunda Guerra Mundial *(Stanislaw Mikolajzyk)*, tuvo que abandonar el país como consecuencia directa de las amenazas de muerte vertidas desde la nueva ejecutiva comunista, con lo cual, Polonia quedó en manos de los intereses del sionismo internacional, defendidos férreamente por su Primer Ministro: Boleslaw Bierut.

Bierut nació el 18 de abril de 1892. Hijo de una importante familia judía de Lublin, fue influenciado por la doctrina socialista desde su tierna infancia, lo cual le marcó de por vida hasta el extremo de afiliarse al Partido Comunista Polaco en 1918. Bierut cursó sus estudios universitarios en Moscú, ya que simpatizaba con el régimen salido de la revolución bolchevique en Rusia. Su estancia en Moscú lo fanatizó aun más, llevándole a participar en acciones de carácter terrorista en diferentes naciones de Europa del este. Fue encarcelado por sus actividades terroristas y solo gracias a la intervención del gigante ruso, se le concedió la libertad. Tras la invasión de Polonia por el ejército alemán, Bierut, con la valentía que caracteriza al elemento sionista; huyó a Rusia, donde permaneció hasta finalizar la contienda. Regresó a Polonia una vez que las tropas del ejército rojo expulsaron a los alemanes de territorio polaco. Gracias a la financiación de la judería internacional y a la ayuda político-militar prestada por el régimen soviético, fue elegido presidente de la nueva república comunista de Polonia en 1947, lo cual representó un golpe de estado encubierto. A raíz de la influencia política de la que gozaba el gigante soviético en Polonia, durante el mandato de Bierut se "depuraron" a casi todos los altos mandos del ejército polaco. En 1949 se nombró ministro de defensa al general soviético Konstantin Rokossovsky, convirtiendo al ejército polaco en un batallón más a las órdenes de la URSS. También se promulgó una nueva constitución, supervisada por "el camarada" Stalin, modificando el nombre de Polonia por el de la República Popular Polaca. El terror preventivo contra los supuestos quintacolumnistas, se convirtió en algo cotidiano en la Polonia de Bierut. La Iglesia Católica estuvo en el punto de mira de las autoridades bolcheviques desde el primer momento, ya que esta se había convertido en un símbolo de resistencia nacional y cultural contra la tiranía masónico-comunista. A finales de 1953 Bierut abandonó el cargo debido a su delicado estado de salud y a las constantes disputas internas surgidas en el seno del partido, entre el ala más radical y la nueva corriente reformista. Bierut fallecería en Moscú (1956) en extrañas circunstancias, un mes después de haberse celebrado el XX congreso del PCUS.

Con la retirada política de Bierut, pasó a sucederle como primer ministro del gobierno polaco un hábil político judío perteneciente al partido comunista, llamado Iosif Cyrankiewicz. Pronto Iosif se ganó la simpatía del tirano soviético, al rechazar la ayuda enviada por el gobierno americano en el llamado Plan Marshall. Para contrarrestar los efectos políticos del Plan Marshall, Stalin creó su famoso Plan Molotov, que consistía en un acuerdo comercial ruso-polaco de 5 años de duración, durante el cual serían enviados a Polonia 450 millones de crédito para la reconstrucción, 200.000 toneladas de grano, maquinaria pesada,... El Plan Molotov permitió el control soviético de Polonia, fortaleciendo los intereses rusos frente a las pretensiones de la Europa occidental. Durante el mandato de Iosif, la dirección del partido comunista polaco, influenciada por el partido comunista de Moscú, nombró como vice-primera ministra a la judía Hillary Mink y como segundo primer ministro al judío Zenon Nowek.

En la primavera de 1956, los obreros de la región polaca de Poznan, hartos de la ocupación militar soviética; se rebelaron contra el tiránico gobierno del judío Iosif Cyrankiewicz. El propio Iosif no podía consentir que se pusiera en duda la supremacía política del partido comunista, por ello envió al viceministro de defensa Stanislaw Poplawski (*su verdadero nombre era Serguei Gorojov, aunque como casi todos los dirigentes judíos durante el gobierno comunista se lo había "polaquizado"*), a sofocar la rebelión con todos los medios posibles, al estilo soviético:

"A los provocadores que se atrevan a levantar la mano contra la autoridad popular, no les quepa la menor duda de que la autoridad popular les cortará esa mano"
(Iosif Cyrankiewicz).

Con el aplastamiento de las revueltas populares, la represión encubierta organizada por el aparato militar del partido se hizo cada vez más implacable. Mujeres, ancianos, niños, nadie se libró de la vigilancia del sistema político socialista. El aparato represivo comunista ya tenía experiencia previa en acciones de este calado. El secretario general del partido comunista polaco: el judío Jacob Berman, había dirigido los campos de concentración destinados a los prisioneros alemanes a finalizar la Segunda Guerra Mundial.

Jacob Berman, íntimo amigo de Stalin, dirigió un cruel imperio de casi 1950 campos de concentración por toda Polonia, en los cuales se asesinó a más de 80.000 alemanes, la gran mayoría mujeres y niños. Casi el 90% de los suboficiales que trabajaron bajo las órdenes de Jacob en esos campos de exterminio, eran de filiación hebrea. Pese haber "polaquizado" sus nombres siguen siendo reconocibles: el Mayor Frydman en el campo de Beuthen, Shmuel Kleinhaut en Myslowitz, Efrain Lewin en Neisse, Shlomo Morel en Schwientochlowitz, Oppeln en Kattowitz o Lola Potok Ackerfeld en Gleiwitz. Incluso la mayoría de los ayudantes de los suboficiales, también pertenecían a la tribu de David: Moshe Grossman, Shimon Nunberg, Salek Zucker, David Feuerstein, Shlomo Singer, Chaim Studniberg, Shlomo Morel, Efrain Lewin, Moshe Maka, Barek Einsenstein, Mordecai Kac, Moshe Kalmewicki, Josef Kluger, Nachum Solowitz, etc.

Otro famoso dirigente judío perteneciente a la facción más represiva del gobierno comunista de Polonia, fue Kart Swierczewski, alias "Walter". Walter nació en Varsovia en 1897. En 1918 participó como combatiente bolchevique en la revolución Rusa. En 1928 se graduó en la academia militar soviética de Frunze, siendo destinado al estado mayor del Ejército Rojo. Participó también como brigadista internacional en la Guerra Civil Española, durante la cual se le concedió el rango de general del "Ejército Popular Republicano", pasando a ocupar el frente de la división XIV de la Brigada Internacional y de la 35ª División poco después. Gracias a la influencia soviética en el gobierno comunista de Polonia, Swierczewski se convirtió en viceministro de Defensa del nuevo gobierno polaco, lo que le llevó a participar en la cruenta represión llevada a cabo contra los anticomunistas polacos y los partisanos ucranianos. En una de estas refriegas contra el Ejército de Liberación Ucraniano, cayó muerto en una emboscada en 1947. A veces la sabiduría popular suele ser sabía y pragmática, por eso al caso Swierczewski se le podría aplicar el dicho de: *"quién ha hierro mata a hierro muere"*.

Con el nombramiento como Papa de Juan Pablo II, la judería internacional montó en cólera. Les resultaba inconcebible la idea del nombramiento como Papa de un ciudadano del régimen comunista de Polonia, lo cual, en la práctica, resultaba una amenaza para el poder soviético. El intento de silenciar el espíritu religioso del pueblo polaco, el cual intentaba resurgir entre los escombros del ateísmo comunista, llevó al ente sionista del régimen soviético a planificar un magnicidio contra la figura del Sumo Pontífice de la Iglesia Católica, utilizando a su extensa red de espías de la KGB. En la trama conspirativa también se vio envuelto el servicio de contraespionaje de los EEUU, liderados por el judeo-polaco Zbigniew Brzezinski (*padre del asesor político en asuntos exteriores de la administración Obama, Mark Brzezinski)*. Desgraciadamente, la mayoría de los católicos polacos no corrieron tanta suerte y conocieron la deportación, el hambre y la muerte por culpa del fanatismo político y "religioso" *(entiéndase judaísmo)* de las autoridades políticas del régimen masónico-comunista.

Lo cierto es que la trama sionista dentro de los estamentos político-militares de la Polonia comunista fue mucho más extensa, pese a que muchos de los nombres de los funcionarios judíos de la administración comunista polaca no han pasado a la posteridad. Los hechos históricos nos demuestran que la mano judía dirigió, desde un primer momento, los designios del pueblo polaco finalizada la contienda mundial. Los crímenes cometidos durante la feroz dictadura también fueron auspiciados por el poder político sionista. Por suerte, el criterio de los actuales gobernantes polacos dista mucho de la opinión oficial lanzada desde los Pravda internacionales, subvencionados por el capital. La verdad tarde o temprano terminará saliendo a la luz y con ella, los genocidas marxistas enseñaran por fin su verdadero rostro: *el rostro de la nación de los Hijos de Israel.*

–El Holocausto: Victimismo televisivo y el arte de culpar

"Tan pronto como el Mesías Rey se proclame a sí mismo, destruirá Roma y hará de ella un desierto. Espinas y rastrojos crecerán en el palacio del Papa. Él empezará una guerra sin piedad a los no judíos y se les subyugará. Él los aniquilará en masa, matará sus reyes y asolará toda la tierra de los romanos. Él dirá a los judíos: 'Yo soy el Mesías Rey por quien habéis estado esperando. Tomad la plata y el oro de los "goyims" ".

(Josiah 60, 6, rabino Abarbanel a Daniel 7, 13)

La historia siempre es escrita desde la subjetividad del bando vencedor. La supuesta objetividad de la historiografía oficial es una frágil norma, cuando se ven en juego los intereses de las clases dominantes, las cuales por norma general sufren el llamado síndrome de abstinencia totalitaria; ya sean: económicas *(monopolio financiero internacional)*, políticas *(normalización del crimen ideológico como dogma estatal)*, religiosas *(según el modelo soviético de sociedad)* o intelectuales *(dictadura mediática del folklorismo progresista)*. No debe ser admisible que la historia se tergiverse. Los hechos no son mudos, pese a la tendencia totalitaria de nuestros burócratas a la hora de intentar ocultar la "realidad" histórica, transformándola gracias a su poderosa maquinaria de propaganda, en un simple bulo, en una vulgar anécdota de cantina, en una miserable patraña basada en chismes de portera autobiográfica. Un verdadero historiador que se precie y se tenga así mismo como intelectualmente decente, debe serle siempre fiel a la verdad, combatiendo cualquier tipo de enmascaramiento partidista. Contra cualquier indicio del leviatán de la laxitud a la hora de tratar un hecho histórico, por el bien de la pureza de la objetividad historiográfica; de todo el conglomerado de informes, de datos y sucesos al que se tenga acceso, se debe hacer una criba y desechar la simple propaganda "guerracivilista", fruto de la traición a Occidente, ordenando y colocando los sucesos cronológicamente, excluyendo las quimeras alucinatorias que surgen alrededor de los sucesos seudo-heroicos, para formar una imagen lo más fiel posible a la realidad del acontecimiento. El conocimiento histórico debe servir para el ensanchamiento del alma, a través de los más nobles valores aportados por la dignidad que otorga el respeto a la verdad o de lo contrario, se corre el peligro de quedar sumergido en el abismo de la ignorancia, en la ciénaga del oprobio, en el ultraje permanente.

La opacidad histórica favorece que una pequeña minoría que sustenta mitos y rumores, termine convirtiéndolos, a base de repetición, en verdades oficiales, contando con la complicidad de los organismos estatales y de los medios de comunicación. Tristemente la higiene histórica que se demanda al evaluar los sucesos ocurridos durante el período de la Segunda Guerra Mundial brilla por su ausencia, cuando se trata el tan magnificado Holocausto judío *(visiones partidistas, falta de rigor histórico, intereses monetarios, censura)*, recubriendo con sus anacronismos un pedazo importante de nuestra historia moderna. Respecto al tema en cuestión, no quisiera detenerme en consideraciones prácticas, más bien intentaré abordarlo desde un punto de vista objetivo que demuestre que la opinión general sobre el Holocausto, ha sido generada por el ente sionista internacional a través de la indecorosa explotación de la memoria de sus víctimas, para lograr la obtención de beneficios económicos y políticos.

Sin lugar a dudas se podría afirmar que la historia de la humanidad ha sido forjada a sangre y fuego. Los antiguos imperios que hoy admiramos (*Roma, Egipto, el Imperio Maya,..*) fueron construidos sobre las cenizas de los vencidos, de su población esclavizada. La sangre y el trabajo de los pueblos conquistados erigieron los esplendidos monumentos que hoy en día admiramos a nivel global, sin pararnos a pensar en las penalidades vividas por esta gente. Entonces, ¿por qué nos indigna y conmueve tanto el recuerdo de las víctimas del Holocausto? ¿Acaso no ha habido otros genocidios de proporciones aún mucho mayores? ¿Existen entonces diferentes grados o castas entres las víctimas? ¿Por qué unas son dignas de nuestro recuerdo y otras duermen en el más ignominioso olvido?

Por desgracia, la realidad nos enseña que tanto en la vida terrenal como en la espiritual, todo está ligado al poder e influencia económica que se posea. El pueblo judío, con su control absoluto de los medios de producción a nivel global y a la cabeza de los organismos de decisión internacional; se encarga año tras año de recordarnos, una y otra vez, las calamidades sufridas por las víctimas de su querida "Ha Shoá". Mediante conferencias, monumentos a nivel global, películas sensibleras protagonizadas por estrellas de fama internacional *(lo que no consiga el poderoso caballero Don dinero..., que mejor publicidad que un rostro famoso y conocido)* y sobre todo mediante la persecución y encarcelamiento de todos aquellos que osen contradecir la versión oficial; se está logrando institucionalizar a un nivel moral, ético y político, la falsificación histórica del Holocausto y de toda la mendicidad seudo-intelectual que lo rodea.

El triunfo de la pobreza moral e intelectual que envuelve a los defensores de la versión oficial del Holocausto, me lleva a preguntarme qué sucede con el resto de las víctimas que no tuvieron la "suerte" de morir siendo judías. ¿Quién llora a los más de un millón de mártires armenios asesinados por el fanatismo integrista islámico de los turcos (*tan amigos últimamente de los burócratas europeos y en especial del engendro denominado por la ejecutiva española, como: Alianza de Civilizaciones*)? ¿Acaso los motivos político-religiosos que llevaron al exterminio del pueblo armenio, no constituyen un genocidio? ¿Por qué no existe una condena unánime por parte de los organismos internacionales hacia Turquía? ¿Por qué a Turquía no se le exige que compense económicamente a las víctimas como sí hace Alemania con los familiares de los judíos supuestamente asesinados en el Holocausto? ¿Y los indígenas de Norteamérica?, ¿Acaso el exterminio y posterior encierro de los supervivientes en reservas (*como si fueran animales de feria*), para mayor gozo y deleite de la población de origen anglo-sajón de Norteamérica, no supone un crimen de lesa humanidad? ¿Dónde están las películas con súper estrellas de fama internacional, financiadas por el capital judío, interpretando a los valientes hombres y mujeres que lucharon contra la serpiente comunista? ¿No les parecen dignas quizás de ser llevadas a la pantalla los más de 100 millones de mártires que generó el Terror Rojo? ¿Quién recuerda a los más de 10 millones de campesinos asesinados en Ucrania por culpa de los delirios mesiánicos del líder judeo-comunista Iosif Stalin? ¿No merecen ser recordados quizás? ¿O es que a lo mejor no interesa recordarlos?

En la sociedad actual en la que vivimos, todo es, debe y puede ser cuestionado según la lógica natural del progresismo izquierdista (*con la complacencia encubierta de los partidos de derechas o liberales*): el rol de la mujer en la sociedad, la familia y su organización estructural, la identidad racial, las tradiciones culturales, la religión (*en especial la católica*),... En honor a la verdad debo corregir cierta imprecisión en lo expuesto anteriormente, ya que no todo debe ni puede ser cuestionado. Hoy en día existen dentro de los eslóganes del ideario doctrinal sionista, ciertos dogmas de fe inquebrantables, verdades ciegas que deben ser aceptadas sin cuestionarse su origen y veracidad; y entre las cuales se encuentra (*como no)* el supuesto hecho histórico del Holocausto. Nunca el haber cuestionado un hecho histórico, el no haber comulgado con las ruedas de molino impuestas desde el entorno de las altas esferas socio-económico-internacionales de lo burocracia europea, el haber utilizado el derecho de libertad de expresión, pensamiento y réplica poniendo en duda los tabús de lo políticamente correcto; ha llevado a tantos hombres y mujeres inocentes a la cárcel, gracias a los ardides empleados por la ingeniería expansionista del imperio mediático sionista. Ernst Zundel, Pedro Varela, Ahmed Rami, Pfarrer Junger, Dr Bruno Hass, Brigitte Binder, David Irving, Gerd Honsik,... Trágicamente la lista continúa, creando un hito de decadencia moral que no tiene parangón en la historia. La escatológica trama orquestada para condenar a los imputados por crímenes tan difusos como el de "negacionismo", conlleva una humillación mucho mayor al ser exhibidos públicamente como en una vulgar cuerda de presos, frente a la grosera cobardía de la que hace gala el sistema de derecho y libertades.

La actitud tomada por los lobbys de presión sionistas respecto al mito del Holocausto, es la de la auto-censura permanente a los intelectuales críticos a la versión oficial, a través de sus filiales mediáticas, las cuales ofrecen a un pueblo idiotizado por la propaganda el señuelo perfecto de la figura demonizada del nacional socialismo, para narcotizarlos a través del miedo al grito de: "*Hannibal ad portas*". A todo aquel que no comulgue con la versión oficial del Holocausto, pronto se le adjetiva de una manera confusa, superficial y falaz como: nazi, fascista o simplemente revisionista; a lo que cabe preguntarse si es un delito serlo. Ateniéndonos al significado gramatical de dicho término en cuestión, observamos que según la R.A.E el significado del término revisionismo es el siguiente:

Revisionismo: tendencia a someter a revisión doctrinas o prácticas establecidas para actualizarlas.

Entonces, ¿querer indagar más en los hechos históricos buscando la verdad de lo ocurrido, es un delito? Al parecer sí. La pregunta que entonces planteo al lector es la siguiente: ¿qué oculta la verdadera historia del Holocausto? ¿A quién beneficia el enmascaramiento de la verdad?

Es obvio que hay ciertos individuos a los que la "verdad" oficial les resulta mucho más cómoda, por los beneficios económicos que obtienen de ella, y por eso no les interesa que sea cuestionada, no vaya a ser que se tropiece de casualidad con el número real de las víctimas durante el supuesto Holocausto. Es de dominio público que uno de los fines principales que, desde tiempos inmemoriales, ha motivado al judío a hacerse con el control absoluto en el plano político-económico-financiero internacional, es la vuelta a la Tierra Prometida de la que fueron expulsados. El Holocausto supuso un hito en la creación del Estado de Israel. Mediante la presión política ejercida por los lobbys sionistas tras finalizar la Segunda Guerra Mundial, junto a la hábil y mezquina explotación del supuesto genocidio cometido en contra del pueblo judío, consiguieron remover las conciencias del noble e incauto pueblo indoeuropeo (*en especial la del pueblo germano, ya que gracias a la propaganda anti-alemana a día de hoy aun se sienten culpables de algo que a mi parecer no ocurrió);* para así lograr el apoyo político necesario para el establecimiento y creación, dentro del territorio palestino, de un estado ilegal judío *(desde un punto de vista natural y de legalidad internacional),* a expensas de sus legítimos habitantes. Las compensaciones económicas pagadas al pueblo judío por Alemania tras finalizar la contienda, sirvieron para financiar política, militar y tecnológicamente al nuevo estado de Israel, ya que solo el 40% del dinero alemán llegó a las supuestas víctimas del Holocausto. A día de hoy, el gobierno alemán sigue cediendo ante el chantaje económico de las autoridades judías a nivel internacional, pagando en concepto de indemnización más de 60.000 millones de dólares. Esto demuestra, una vez más, la debilidad de nuestros líderes políticos frente a las amenazas fanático-religiosas exteriores *(supremacismo sionista e integrismo islámico),* a la hora de defender nuestros intereses. Nunca los muertos fueron tan útiles y deseados para los vivos.

La propaganda difamatoria es un punto clave dentro de la doctrina de censura y corrupción, impuesta por los nuevos comisarios políticos del ente supranacional, a la hora de intentar desmoralizar, coaccionar, difamar o silenciar al enemigo ideológico en la llamada guerra psicológica de propaganda. En esta batalla se ve en juego el futuro profesional de todo individuo que se haya propuesto desenmascarar a los cómplices de tan grotesca farsa histórica. Ya durante la Primera Guerra Mundial, el carácter sectario y difamatorio implícito en los esbirros del ente sionista internacional hizo acto de presencia, al acusar directamente a Alemania de practicar una política de exterminio masivo *(inspirada quizás en las desventuras de Nerón "el mecenas de la barbarie")* en contra de la población judía que habitaba Germania en aquella época. La propaganda Aliada fomentó las absurdas exageraciones anti-germanas sobre las famosas factorías para la explotación de los cadáveres, muy similares a los campos de la muerte de Auschwitz durante la Segunda Guerra Mundial; con el fin de demonizar a su enemigo ideológico y racial. Recordemos que los principales instigadores y financieros del exterminio masivo en Europa, pertenecieron principalmente al pueblo hebreo.

Existen descabelladas teorías defendidas por seudohistoriadores subvencionados por el capital internacional, acerca de los supuestos horrores que habrían tenido lugar durante el Holocausto y alrededor de las cuales no falta toda la parafernalia Hollywoodiense referente a: las cámaras de gas, hornos crematorios, chaquetones de los oficiales germanos hechos con piel de prisioneros judíos,... Cada acusación demuestra la falta de ética y seriedad en los trabajos de estos mediocres portavoces de las fábulas de la barbarie industrializada, más preocupados en hacer carrera dentro de la secta conspirativa anti-occidental, que de tratar la realidad del suceso en cuestión. Sin querer caer en la superficialidad, en el culto a lo chabacano, me veo en la obligación de citar una de las afirmaciones más ridículas y sorprendentes que surgieron tras la capitulación de Alemania finalizada la Segunda Guerra Mundial, y no es otra que la de: *"los supuestos jabones hechos con la grasa de los prisioneros judíos confinados en los supuestos campos de exterminio"*. La versión oficial relataba como los cadáveres de los prisioneros judíos muertos en los supuestos campos de concentración, eran convertidos en diversos artículos de uso cotidiano *(jabones, grasa, fertilizante,...)* que luego se vendían en los mercados civiles de Alemania, en un siniestro culto al factorismo mortuorio.

La realidad social y militar durante la contienda fue tergiversada deliberadamente, para tratar de influir en la conciencia de la población de las naciones aliadas, justificando así la confrontación armada contra el estado alemán. Las mentiras institucionalizadas entorno al mito del Holocausto, representan un reto para las sociedades democráticas, ya que la manipulación de la historia con el único fin de servir a los intereses partidistas de la élite dirigente, solo conduce a un camino: al de la corrupción democrática y al de la decadencia ética y moral que legitima con su debilidad las ansias imperialistas del ente sionista internacional.

"Las pretendidas cámaras de gas hitlerianas y el pretendido genocidio de judíos forman una misma y única mentira histórica, que ha permitido una gigantesca estafa político-financiera cuyos principales beneficiarios son el estado de Israel y el sionismo internacional, y cuyas principales víctimas son el pueblo alemán, si bien no sus dirigentes, y el pueblo palestino en su totalidad"
(Profesor Robert Faurisson (1980) "Las victorias del revisionismo")

Tanto la manipulación cínica por parte del estado de Israel de los supuestos sucesos que tuvieron lugar durante el mal llamado Holocausto, como la ultrajante negación del derecho a la réplica histórica, representan un choque entre la verdad oficial de la cultura reaccionaria e imperialista surgida tras la Segunda Guerra Mundial, de manos de la corrupción teócrata del régimen supranacional sionista; y los derechos y libertades fundamentales implícitos en el carácter racial de las sociedades democráticas indoeuropeas. Son muchas las tergiversaciones históricas e ideas tendenciosas, irradiadas desde los organismos gubernamentales por gente sin criterio ni conocimiento coherente alguno, en lo que respecta al estudio y cálculo del número de víctimas "judías" que causó el supuesto Holocausto. Por ejemplo, nos podemos encontrar como en el ámbito político-histórico-legislativo internacional, al finalizar la contienda, algunos rectores de la masacre, funambulistas ellos del melodrama, sostenían la cifra de 20 millones de víctimas judías asesinadas en los campos de concentración como dogma propagandístico oficial, ante la sonrojante claudicación del sistema judicial de libertades de Occidente. Ante la impúdica tergiversación histórica que representaba la cifra de 20 millones y debido a su inverosimilitud, las autoridades internacionales, guardianas ellas de la conciencia universal, decidieron sin contar con estudios científicos rigurosos que avalaran tal decisión, reducir la cifra de asesinados en los campos de "concentración" a 12 millones. La sima insalvable entre ambas cifras, oculta una estafa historiográfica a nivel mundial aún mucho mayor. Con el paso del tiempo, la cuadratura del círculo de la virtuosidad del Holocausto en la mass media oficial alcanzaría su cenit oscurantista, reduciendo la cifra de víctimas entorno a los 6 millones. A pesar de la totalitaria demagogia de la que hicieron gala los organismos historiográficos oficiales, diversos estudios que evaluaron los censos migratorios de la población judía ante, durante y después de la contienda Mundial, demostraron que la cifra de judíos asesinados no pudo ser superior a los 2 millones de víctimas. El aumento de población judía señalado en un censo realizado pocos años después de la guerra, demostraba como la cantidad total de población judía en el mundo ascendía hasta casi los 18.000.000 de individuos, lo cual habría sido imposible si hubieran sido ciertas las cifras dadas por la "mass media" oficial respecto al número de víctimas causadas por el Holocausto. La veracidad del dogma internacional de los 6 millones de mártires judíos en los campos de concentración durante el Holocausto, coincide peligrosamente *(como ya expuse al principio del apartado)* con la propaganda anti-germana aliada de la Primera Guerra Mundial y su cifra de 6 millones de judíos asesinados por los alemanes *(el comienzo de la Mentira de Ulises).*

El lector incauto podría llegar a pensar que los rumores de la Primera Guerra Mundial sobre la industria de exterminio alemana eran solo eso, bulos para criminalizar y desmoralizar al enemigo; y que es una mera coincidencia la casi calcada exactitud con la "verdad" oficial del supuesto Holocausto que vino después. Pero yo les digo que la diferencia existente entre uno y otro, simplemente radica en el cupo de medios de propaganda con los que contaban en sus diferentes épocas para la reproducción de sus burdas exageraciones. Los medios de comunicación *(periódicos, radio,..)* durante la Primera Guerra Mundial llegaban a un número limitado de personas, debido a los elevados costes de producción, y por lo tanto la propaganda anti-germana con la que pretendían intoxicar la conciencia de los pueblos de Europa, no cuajó a raíz de su escasa difusión, no ocurriendo lo mismo al finalizar la Segunda Guerra Mundial. La tecnología de imprenta se había mejorado y con ello el abaratamiento de los costes, lo que permitió el acceso de las clases más desfavorecidas e iletradas *(más fácilmente influenciables)* a los medios de comunicación escritos, dando comienzo la nueva era del imperio de la tergiversación historiográfica que vivimos hoy en día.

La prensa escrita era y es un escaparate perfecto para la propaganda partidista. Se podría decir que cada opción política tiene su propio altavoz mediático en los medios de comunicación. Gracias a la financiación de los judíos en la Diáspora, se subvencionó a todos aquellos seudo-historiadores que crearon una "verdad" oficial al gusto sionista, inflando la cifra de las víctimas del Holocausto *(especialmente las del campo de internamiento de Auschwitz)* con los cadáveres de los muertos a causa de los bombardeos aliados:

Estimaciones varias del número de víctimas judías muertas en Auschwitz dadas por organismos estatales, medios de comunicación...
(Datos sacados de diversas publicaciones de carácter identitario o revisionista)

- *9.000.000 cifra mostrada en la película francesa "Noche y Niebla" mostrada en millones de colegios en todo el mundo.*
- *8.000.000 y 7.000.000 cifras mostradas por la Oficina francesa de crímenes de guerra en 1945 y años posteriores.*
- *6.000.000 cifra dada por el doctor Mirkols Nyiszli (superviviente de Auschwitz) en su libro "Doctor en Auschwitz".*
- *5.000.000 cifra conseguida bajo tortura al comandante Rudolf Hoes durante el proceso por Auschwitz.*
- *4.000.000 cifra dada por el historiador israelí Yehuda Bauer.*
- *2.500.000 cifra dada durante el proceso de Adolf Eichmann en Israel.*
- *1.500.000 cifra aportada por el presidente polaco Lech Walesa.*

Verdaderamente, la industria novelesca de la memoria del Holocausto no empezaría a adquirir la relevancia internacional de la que goza en la actualidad, hasta la creación ilegal del estado de Israel. La ficticia amenaza del resurgimiento del nacional socialismo, sirvió para alimentar hábilmente los mitos basados en la falsificación y la exageración entorno al Holocausto y sus víctimas, tal como ocurrió con la "fábula" del Diario de Ana Frank. Con la aparición en la escena internacional de esta seudo-novela histórica, tributo del oscurantismo político y de la mezquindad intelectual, los titiriteros del sionismo internacional pretendieron hacer ver a la humanidad, al más puro estilo Orweliano, que supuestamente una niña judía de 12 años que vivió durante la Segunda Guerra Mundial y que terminó muriendo en un campo de internamiento alemán por una epidemia de tifus; plasmó con una perfecta prosa cervantina sus pensamientos más íntimos y los de toda su familia, en un claro ejemplo de precocidad gramatical y cognitiva.

Tomando como cierto el trágico final de la familia Frank, podemos observar que el caso de Ana no fue para nada una *rara avis* dentro de la idiosincrasia de aquella época. Tanto Ana como gran parte de su familia no murieron "ejecutados", su trágico final llegaría no en duchas de gas ni en camiones de la muerte, sino en forma de epidemia de tifus, como le ocurriría a millones de europeos durante la etapa final de la guerra. Entonces: ¿cómo es posible que el caso de una niña cualquiera muerta, desgraciadamente, a causa de los efectos colaterales de una guerra basada en los intereses político-económicos de unos pocos; pasara a convertirse en la punta de lanza del movimiento sionismo internacional en su lucha por mantener vivo el recuerdo del Holocausto, valiéndose de burdas argucias legales y de lastimosas teatralizaciones, avaladas por el respaldo financiero del elemento judío?

El mito del Diario de Ana Frank es una falsificación grotesca de la realidad histórica, utilizado hipócritamente como arma psicológica por la "mass media" en su lucha por silenciar las tesis revisionistas que dudan de la veracidad del Holocausto, fomentado desde el negocio de la inseguridad y del dolor, encarnado en la filial propagandista de Hollywood. Al evaluar la estructura de la trama interna del Diario de

Ana Frank, se puede apreciar perfectamente la clara germanofobia implícita en el carácter de los autores de la obra. En ella se identifica a los guardianes de Ana *(seres deshumanizados, viles y mezquinos defensores del ideal racial indoeuropeo)* con la figura del pueblo alemán, mientras que la protagonista *(estandarte del pueblo judío)* encarna irónicamente la inocencia, la castidad e integridad que solo puede existir dentro de la típica demagogia progresista, de las verbenas de pueblo de carácter multiculturalista. La falsedad histórica del mito de Ana Frank *(escrito en colaboración por Meyer Levin y el propio Otto Frank)* va mucho más allá del fraude ético e historiográfico a la sociedad Occidental *(ya que a través de la publicación del Diario de Ana Frank, los amigos del multilateralismo sionista pretendieron convertir al judío, haciendo uso de la generalización más populista, en la única víctima moral del conflicto mundial)*. Las medidas intervencionistas adoptadas por el ente supranacional para la difusión de los dogmas "exterminacionistas", presentes en la "fábula" del Diario de Ana Frank ,en las escuelas occidentales, representan un caso flagrante de totalitarismo ideológico, de perversión intelectual, de conmoción manipulativa, de fraude democrático; dando a entender el lamentable estado de nuestro sistema de derecho y libertades, y el sectarismo doctrinal que se imparte desde nuestras escuelas, con el único propósito de pervertir la mente de los jóvenes valiéndose del engaño, para inculcarles la típica mentalidad del esclavo.

Con el recuerdo del supuesto Holocausto, los poderes fácticos del sionismo internacional consiguieron envenenar la conciencia histórica de la población mundial, culpabilizando al pueblo alemán y al régimen nacional socialista del exterminio masivo de la población judía en Europa. Amparados en su poderío económico y bajo el lema de "*Ex illis est*", la élite racial se encargó de difundir truculentas historias, de una morbosidad rayando lo obsceno, acerca de los supuestos abusos cometidos contra el pueblo judío durante la contienda. En una sanguinaria orgía utópica, según los panaceas mediáticos de la teoría "exterminacionista", la crueldad y el sadismo mostrado por las autoridades alemanas (y *por su población en general*) durante el Holocausto, superó los límites de la imaginación humana. En el infierno terrenal de la Europa de la contienda, la *"bestia rubia"* dio rienda suelta a sus más bajos instintos, en una carrera contrarreloj por demostrar al mundo que los nueve círculos del infierno de Dante se hallaban en territorio europeo, y que ellos serían los "Carontes" terrenales encargados de conducir al judío a su fatídico final.

El victimismo moral y racial derivado de los traumas mesiánicos de una cultura excluyente, forma parte de la psique del pueblo elegido desde tiempos inmemoriales. Escudándose en las penalidades sufridas por su gente (*la Diáspora, la destrucción del Templo de Jerusalén, la Shoá*), el judío se auto-concede el derecho de erigirse como juez y verdugo supranacional, en una farsa seudo-democrático-judicial, contra todos los supuestos culpables de su eterna desdicha (*Núremberg*). Su agresivo comportamiento victimario y su demagogia totalitarista generan una deformada visión histórica, distribuida a nivel internacional a través de sus filiales político-mediáticas, con el fin de impedir cicatrizar viejas heridas, para legitimar sus siniestras pretensiones colonialistas cueste lo que cueste.

—EL PROBLEMA PALESTINO: EL HOLOCAUSTO OLVIDADO

"Debemos utilizar el terror, el asesinato, la intimidación, la confiscación de tierras y el corte de todos los servicios sociales para expulsar de Galilea a su población Árabe."
(Israel Koenig, "The Koenig Memorandum")

A pesar de las formulas simplistas de carácter propagandístico, pregonadas por los titiriteros progresistas del mundo de la agitación desde sus tabernáculos internacionalistas, a cerca de la resolución del complejo conflicto palestino-israelí; es licito afirmar que la invasión civil y militar del territorio palestino por parte del pueblo judío, representa el verdadero Holocausto olvidado por las autoridades. El ignominioso silencio de Occidente ante el holocausto del pueblo palestino, es una evidencia clara de la supeditación de éste a los designios del ente sionista. La legitimación política del gobierno del terror de Israel, ha propiciado el afloramiento de conductas claramente discriminatorias, con las que pretender limpiar étnicamente el territorio de Israel de población palestina, en un espectáculo dantesco al más puro estilo necrófago-neocolonialista del sectarismo religioso más atroz.

En el conflicto palestino-israelí se entremezclan diversos elementos: ideología, motivaciones religiosas, control de los recursos territoriales,... A lo largo de los años, el estado ilegal judío no ha cesado en su empeño de hacer prevalecer su poderío político-económico y militar sobre el pueblo palestino. Este enfrentamiento tan desigual ha permitido que Israel se apropie ilegalmente, año tras año, de más territorio palestino, manteniendo bajo un férreo control militar (*se podría decir que hasta casi carcelario*) a la población árabe autóctona, privándola de sus derechos más fundamentales. La ocupación ilegal de los territorios de Gaza y Cisjordania, no le han ocasionado ningún dilema moral ni legal al estado judío. Las condenas emitidas desde la Comunidad Internacional criticando con vehemencia la ocupación colonial israelí, no han pasado de ser una mera formalidad burocrática, típica de la incalificable desvergüenza e ineficacia de la que hacen gala los organismos de control de los Derechos Humanos.

Israel es un estado ilegítimo, fundado sobre los pilares religiosos del fundamentalismo ortodoxo hebreo y sostenido gracias a la política terrorista practicada por su gobierno. Los brutales e indiscriminados ataques sobre la población civil palestina por parte del ejército israelí, son un claro ejemplo del denominado terrorismo estatal practicado por Israel, con el único propósito de interferir en el ámbito de la política interna palestina, tal como sucedió tras el asesinato del líder espiritual de Hamas (*organización islámica*): Shiekh Ahmed Yassim. Los asesinatos selectivos practicados por la aviación israelí, imposibilitan cualquier tipo de acercamiento o diálogo entre ambas facciones. La supuesta paz ofrecida por los burócratas de la ejecutiva israelí, solo es una tapadera para continuar con su política imperialista de confiscación sistemática e ilegal del territorio palestino, como si de un proceso de derribo colonialista se tratara. La política "finalista" del gobierno israelí, niega el derecho a la existencia de un territorio palestino autónomo. El estado de Israel no tiene legalmente constituidas sus fronteras territoriales (*interiores y exteriores*), con el propósito de continuar con el expolio "preventivo" de territorio a sus vecinos árabes, teniendo la mira geopolítico-estratégica puesta en futuros conflictos prefabricados y servidos a la carta mediáticamente por la mass media oficial.

Mediante hábiles campañas de sensibilización en Occidente, se nos quiere hacer ver, gracias a un demagógico lavado de cara político-mediático; que el problema con los judíos en Oriente Medio es una cuestión de intransigencia política, de antisemitismo tercermundista de jaima y chilaba, de fanatismo religioso... Intentan que comulguemos con el tan "insigne" y raído dogma de la pertenencia "legítima" del territorio palestino al pueblo judío, ya que según sus delirios supremacistas, ellos han sido el Pueblo Elegido por Dios y por lo tanto, sus ansias colonizadores se ven amparadas por mandato divino. Constantemente los medios de comunicación intentan manipular la mente de los occidentales, abusando del recuerdo del supuesto Holocausto. El recuerdo de las víctimas judías permite al pueblo de Israel gozar de una mayor impunidad en el plano político internacional, legitimando la guerra del terror que llevan a cabo en territorio palestino. Pero: ¿qué harían ustedes si un día les despojaran de su casa, de sus tierras, destruyeran sus símbolos nacionales y culturales, asesinaran a su familia,..? ¿Acaso el pueblo palestino no tiene derecho a luchar por su supervivencia? ¿Deben entonces rendirse y ceder ante las exigencias impuestas, desde el poder de las armas sionistas, y resignarse al olvido y a la extinción que confluye con el esclavismo colonialista que rezuma de la política territorial judía?

Las comunidades agrícolas y ganaderas palestinas que residen en las zonas militares bajo control israelí, han perdido su derecho de acceso a las tierras de pastoreo de sus ancestros, en favor de una futura ampliación de los asentamientos de los nuevos colonos judíos que transmigren a Israel. No hay que obviar el hecho de que centenares de pozos en territorio palestino han sido envenenados o destruidos por el ejército israelí, buscando causar el estrangulamiento de la economía palestina, obligándoles a practicar una agricultura de subsistencia, que fomente su dependencia político- económica con el estado de Israel.

Como consecuencia directa de la política especulativa del negocio de los asentamientos neocolonialistas, puesta en práctica por el ejecutivo judío, y gracias a la desigual distribución del agua (*favorable a los asentamientos judíos*), los ganaderos palestinos ven como el aumento del precio del forraje los sume en la más absoluta pobreza, al no poder pagar las deudas contraías por la adquisición de alimento para sus rebaños. Están siendo obligados a vender los animales a un precio muy por debajo de su valor real, según lo dictaminado por las autoridades judías, en una clara muestra de totalitarismo político-mercantil.

Desde la humilde tribuna pública que es mi libro, les recomiendo a las autoridades judías que tengan cuidado con lo que argumentan. Las palabras solemnes no ocultan la realidad de los hechos y estos pueden volverse "ingratamente" en su contra, tarde o temprano. Más le valdría al estado israelí el predicar con el ejemplo y no dedicarse, únicamente, a lanzar acusaciones pueriles contra todo aquel que ose cuestionar la legalidad de su política imperialista. ¿Quieren hablar de campos de concentración o quizás de los Guetos? Hablemos entonces del pueblo Palestino y de su encierro forzado en Gaza, donde a causa del brutal bloqueo al que se ven sometidos, el 14% de la población en edad infantil sufre una malnutrición severa; y Cisjordania (*dividida en 3 áreas: 1°-bajo el control palestino, 2°- bajo control militar israelí y civil palestino, 3°- bajo administración total israelí*). Recordemos cómo se les despojó ilegítimamente de sus tierras, expulsándolos y concentrándolos en determinadas zonas para su mejor manejo y control. ¿A lo mejor les gustaría clamar sobre la Shoá? Hablemos pues de las incursiones de castigo realizadas por el ejército israelí y sus bombardeos constantes e injustificados sobre territorio árabe. ¿Hablamos de la famosa estrella de David que tenían que portar en tiempos del Reich? Mencionemos entonces la prohibición de libertad de movimiento (*al más puro estilo soviético*) por "territorio" judío, a los individuos de origen palestino. Recordemos pues el férreo control al que se ve sometida la población palestina, día tras día, por parte de las autoridades judías que controlan el acceso a los bienes de necesidad más primaria: agua potable, agua para regadío, ayuda internacional, medicinas...

El pueblo judío, a mi entender, no es el más indicado para dar lecciones de ética y civismo a nadie. La gente intelectualmente despierta, se terminará por dar cuenta de la doble moral que suele respaldar las decisiones políticas tomadas por la ejecutiva israelí, con respecto a la cuestión del conflicto palestino. Es de ingenuos creer que no se está llevando a cabo, por parte de las autoridades israelíes, una política encubierta de limpieza étnica en contra de la población autóctona, a pesar de que no exista ningún Auschwitz o Dachao que pueda dar fe de ello. La política colonialista de los asentamientos de los colonos hebreos, la construcción del Muro del Apartheid que separa a judíos y a palestinos, las matanzas indiscriminadas de civiles inocentes en las operaciones de castigo de la aviación israelí, el bloqueo económico y mercantil,...; todas ellas son medidas discriminatorias y genocidas, que demuestran el fraude seudo-democrático del estado terrorista de Israel. Los peores crímenes son aquellos cometidos por el fanatismo religioso, que surge a raíz de la idea de creerse el pueblo elegido (*sionismo*), de un pueblo moralmente victimista, que impide a la población palestina el poder vivir en libertad.

La ausencia de moral ligada a la tradición mesiánica que rodea la historia del pueblo judío, es la mayor amenaza contra la paz y la seguridad mundial.

LA CUESTIÓN RELIGIOSA

"Y entraron a destruir todo lo que había dentro de la ciudad, hombres y mujeres, jóvenes y viejos, incluso los bueyes, ovejas y asnos, pasándolos por el filo de la espada."

(Josué, 6:21)

—El Judaísmo: Mesianismo religioso de la élite mundial

"...Shomron será castigada porque se ha rebelado contra su Dios. Caerán a espada, sus párvulos serán estrellados y sus preñadas rajadas"
"La tierra se tragó a los 250 hombres de Coré con todas sus familias".
(Números: 16- 28,30).

"Los israelitas de Sittim fornicaron con las hijas de Moab y entonces dijo Yahvé a Moisés: Toma a todos los jefes del pueblo y EMPÁLALOS..., matad cada uno a los vuestros" (Núm.: 25-4,5). Y los muertos fueron 24.000" (Núm. 25-9).

La historia religiosa del pueblo judío, a diferencia de la de otras naciones, tiene un origen difícil de concretar. Demasiadas veces se entremezcla en ella lo real y lo ficticio, los hechos estrictamente históricos y las parábolas religiosas. Según la tradición hebrea, los orígenes del judaísmo se remontan a tiempos del patriarca Abraham (*posiblemente en el años 1700 a. C.*) en Mesopotamia (*cerca de la ciudad de Ur*). Según nos cuenta la doctrina judaica, en esa época Dios pactó con Abraham la salida del pueblo de Israel de Mesopotamia mediante una revelación:

— *"Sal de tu tierra, deja a tu parentela y la casa de tu padre, ve hacia la tierra que yo te indicare, haré de ti mi "Pueblo Elegido".*
Después de la cual Dios le prometió:
— *"Toda la tierra de Canaán en eterna posesión, diciendo que el sería su único Dios".*

El pacto de Abraham con Dios causó en el pueblo judío un estado de "*delirium tremens*" de grandeza permanente, que ocasionaría que a partir de ese momento, todos los pueblos de la tierra (*hombres, mujeres e incluso niños*) estuvieran destinados a ser sacrificados en el altar sanguinolento del mesianismo dogmático, en pro del totemismo yahveciano del pueblo elegido. Yahvé les había prometido la eterna posesión de la tierra (*encontrándonos quizás, irónicamente, ante el primer caso documentado de especulación inmobiliaria por mandato divino de la historia*), al haber sido seleccionados entre el resto de los pueblos del mundo (*¿discriminación étnico-religiosa?*) como los representantes seculares de los designios divinos.

Debido a los caprichos de la Santísima Divinidad, los nuevos zahorís semitas, maestros ellos del arte de la aruspicina oriental, justificaron así su pretenciosa supremacía moral y político-económica sobre el resto de naciones y pueblos, amparados bajo el nuevo punto de vista que les aportaba el integrismo dogmático-religioso de la nueva fe que acaban de aceptar como propia. La "buena nueva" revelada por Yahvé a los hebreos, anulaba de facto cualquier tipo de derechos y libertades que pudieran poseer los individuos nacidos tras la era post-revelación del pueblo judío. Esto no debe resultar sorprendente, examinado detenidamente la deriva totalitarista que ha tomado el gobierno supranacional en la sombra, limitando los derechos y libertades en Occidente en pro de la causa sionista.

La base histórico-religiosa del judaísmo es más un dogma de fe fundamentado en el poder terrenal y en las ganancias económicas, que una creencia espiritual basada en el poder omnipotente y omnipresente de la fe más altruista. La motivación real que lleva al pueblo judío a profesar su adhesión al sistema dogmático que rige en el judaísmo, es el deseo de notoriedad, el ansia de poder, la aspiración de imponerse y subyugar al resto de naciones; parapetándose tras el abrigo que brinda la cuartada teocrática del judaísmo, sobre la cual descansa toda la edificación ética y doctrinal del estado de Israel. Otra de las características principales del mesianismo dogmático del judaísmo, es la aglutinación de conceptos como: pueblo, tradición, raza, cultura, fe..., en un solo ente indisoluble. Con ello han logrado una impermeabilización perfecta frente a factores externos, que pudieran influir en su beatífico hado mesianal, evitando así posibles desviaciones que debiliten su poder.

El judaísmo basa su doctrina dogmática en el libro sagrado de la TaNaj, el cual contiene un amplio cuerpo de leyes y mandatos divinos, que constituyen la base de la religión judía y de la práctica legal que impera en su sistema jurídico-teocrático. La Tanaj a su vez se divide en tres partes, que son: la Torá, que a su vez está compuesta por cinco libros que tratan sobre la historia de la creación, de los patriarcas, la esclavitud en Egipto, el Éxodo, y el tránsito por el desierto hasta la entrada en Tierra de Canaán, además de contener una serie de leyes teocráticas que rigen el sistema legislativo de Israel; el Neviim (*Profetas*),que está subdividido en dos secciones: la de los primeros Profetas y otra sección que contiene varias obras que reseñan profecías hechas en diferentes tiempos y circunstancias; y por último el Ketuvim (*Escrituras)* el cual es una antología de diversos libros históricos, piadosos, poéticos, dramáticos y de narraciones

Como simple curiosidad histórica, cabe mencionar que en el libro de la Tanaj ya aparece citado por el nombre de Israel el antiguo reino de David, pero tal como ocurre siempre en los textos religiosos, la historia suele estar contada desde un punto de vista teocrático, que altera notablemente la veracidad de lo escrito. En realidad, el supuesto reino de David nunca fue un reino judío unido. El reino de David estaba constituido por los dos tercios septentrionales del actual territorio de Israel y también por el reino de Judá en la parte sur, aunque en honor a la verdad historiográfica, conviene aclarar que los israelitas nunca acabaron por consolidar totalmente su poder en el territorio de Judá. En la actualidad, al mencionar públicamente los escritos de la Tanaj en lo referente al reino de David, se trata de ocultar impúdicamente este hecho, ya que el judío tiende por naturaleza a magnificar todo lo referente a él y a su historia. Otros relatos de interés acerca de la figura del rey David que suelen ser omitidos, con desvergonzada alevosía, para salvaguardar las trápalas mediáticas acerca del supuesto carácter benévolo y conciliador del pueblo judío; son una serie de sucesos histórico-religiosos en los cuales se nos describe, con pelos y señales, a modo de crónica retrospectiva, el verdadero carácter magnicida típico del cainismo semita implícito en la psique del pueblo judío. Como muestra gráfica del "buenismo" progresista del que hace gala el elemento judío, expondré un breve, aunque esclarecedor relato, en el que se nos cuenta en diferentes pasajes la historia de David antes de ser rey y la guerra que éste mantuvo en nombre del rey Saúl contra la tribu de los filisteos:

Yahvé, por vía de Samuel, le comunicó a Saúl:

— "Ahora, vete y castiga a Amalec, consagrándolo al anatema con todo lo que posee; no tengas compasión de él, mata hombres y mujeres, niños y lactantes, bueyes y ovejas, camellos y asnos" (1S 15:3)

Cuando David pidió la mano de una de las hijas del rey Saúl este dijo lo siguiente:

Respondió Saúl:

— «decid así a David: no quiere el Rey dote sino cien prepucios de filisteos para vengarse de los enemigos del Rey»" (1S 18:25)

Como no podía ser de otra manera, David hizo lo debido. Los servidores comunicaron a David estas palabras y la cosa pareció bien a David para llegar a ser yerno del Rey. No se había cumplido el plazo, cuando se levantó David y partió con sus hombres. Mató a los filisteos doscientos hombres y trajo David sus prepucios, que entregó cumplidamente al rey para ser yerno del rey. Saúl le dio a su hija Mical por mujer.(1S 18:27-28)

Este acto tan atroz cometido contra de la tribu de los filisteos, demuestra como la pérfida psique judía dejó una vez más su impronta personal, con una siniestra forma de metáfora poética, en el conjunto histórico-religioso de su pueblo, debido a la falta de respeto mostrado hacia el enemigo vencido. Las crónicas autobiográficas que aparecen en la Tanaj, nos enseñan como la ambición de poder del pueblo judío le ha llevado a cometer todo tipo de actos deshonestos en nombre de su dogmatismo mesiánico-religioso. ¿Cómo es posible que un pueblo que se cree el elegido por Dios, extienda impunemente la maldad y el odio sobre la faz tierra, a la vez que se permite el privilegio de emitir juicios morales sobre las conductas político-religiosas de otras naciones?

Este etnocentrismo religioso tan peligroso en la actualidad para Occidente, ha acompañado al pueblo judío durante toda su existencia. Sus principales líderes político-religiosos les han inculcado desde su más tierna infancia lo que podríamos llamar las tres mentiras fundamentales del judaísmo dogmático:

a) Que el único Dios que existe es Yahvé, a quien deben amar con todo el corazón, con toda el alma y con toda la fuerza.
b) Que el pueblo elegido por Yahvé entre todos los pueblos de la tierra es el pueblo judío.
c) Que vendrá el Mesías, el enviado de Dios, el salvador del pueblo de Israel, que establecerá un reino de paz, justicia y santidad en el cual Israel dominará a todas las naciones de la tierra.

A consecuencia de su contradictoria visión teológica (*basada en manipulaciones históricas y en la exacerbación de su mesianismo trasnochado*), ciertos textos sagrados para la doctrina judaica, dan una visión anómala de la vida y de las relaciones sexuales. Esta perspectiva deformada del conocimiento espiritual de la conducta sexual, surge de su más oscuro y obsceno deseo. Un claro ejemplo de la desviación moral, física y espiritual de la doctrina sexual del judaísmo, es la falta total de respeto mostrada hacia los derechos y libertades más fundamentales de la mujer, lo cual se puede apreciarse al estudiar los textos sagrados en los que se fundamentan los dogmas del sistema teocrático judío:

"¿Qué cosa es una prostituta? Toda mujer no judía".
(Eben ha Ezer, 6, 8).

"Un judío puede hacerle a una mujer no judía lo que él quiera. Puede tratarla como trataría un trozo de carne".
(Nadarine 20 b, Schulman Aruch, Choszen Hamiszpat 348

"Las muchachas gentiles están en un estado perpetuo de niddah (impureza) desde el nacimiento".
(Abodah Zarah 36 b).

Esta desviación psicosomática del desenfreno sexual causa en el judío un sentimiento de inquietud y de frustración, que lo sacude y lo desborda moralmente, dando rienda suelta a sus más bajas y primitivas pasiones. Con la institucionalización de la transgresión sexual como dogma religioso dentro de la idiosincrasia hebrea, actitudes tan deleznables como la trata de blancas (*principalmente de mujeres procedentes de la Europa del Este*), la pornografía (*no hay que olvidar que las principales empresas productoras y distribuidoras de todo tipo de pornografía están en manos judías: Hugh Hefner, Wesley Emerson, Paul Fishbein, Herbert Feinberg,...*) o la violación de mujeres no judías (*comisario soviético de origen judío Ilya Ehrenburg: Sigan los preceptos del camarada Stalin. Aniquilen a la bestia fascista de una vez por todas en su guarida. ¡Usen la fuerza y rompan el orgullo racial de esas mujeres alemanas! ¡Tómenlas como su botín de guerra!);* son a día de hoy aceptadas como normales dentro de la propia comunidad judía.

Los líderes espirituales del pueblo judío amparan moralmente el acto de la prostitución, excepto cuando una meretriz judía ofrece sus encantos a personas inadecuadas (*cristianos o musulmanes*). Esta doble moralidad dentro del judaísmo respecto al tema de la prostitución, confluye en dos vías diferentes dentro de la doctrina teocrático-sexual semita:

- Erradicar la prostitución al considerar a las meretrices fuente de pecado y debilidad moral.
- Fomentar el ejercicio de la prostitución dentro de la comunidad judía mientras las prostitutas sean solo de origen gentil, evitando así que la meretrices judías puedan compartir la «semilla divina» con los gentiles.

Los judíos insatisfechos con su vida marital o simplemente sumidos en una espiral de decadencia, requieren los servicios de las meretrices gentiles, lo cual les permite disponer de numerosas oportunidades para consumar sus desviados apetitos carnales, mientras se dedican a dar lecciones de moralina al mundo Occidental desde el altar de su tabernáculo semita. La corrompida conducta neurótico-sexual de la que hacen gala se nutre de los textos sagrados de la religión judaica, para llevar a la práctica las más aberrantes fantasías eróticas. La incitación teológica del judaísmo a la práctica de la pederastia supone una clara evidencia de la corrupción moral, civil y ética de la comunidad judía. En las enseñanzas del libro del Talmud en el acto sexual es lícito utilizar, tanto por parte de hombres como de mujeres, a niños menores de 9 años. Según su doctrina religiosa, los niños/as menores no tienen conciencia sobre el bien y el mal y por lo tanto, cuando un adulto mantiene relaciones sexuales (*"consentidas" o no*) con ellos, no está cometiendo pecado alguno ante los ojos de "Dios".

"Que un adulto copule con una muchacha pequeña no significa nada".
(Kethuboth 11 b).

"Un judío tendrá sexo con un niño sólo y tanto tiempo como el niño tenga menos de nueve años de edad". (Sanhedrin 54 b).

"Está permitido mantener relaciones sexuales con una niña desde que ésta tenga tres años de edad". (Sanhedrin 54 b).

Desde la antigüedad, la pederastia ha sido ejercida y fomentada por los rabís del judaísmo dentro de la propia comunidad judía, sin ningún tipo de rechazo social, participando los propios fieles como alcahuetas que suministran "carne fresca" para saciar las malsanas inclinaciones sexuales de sus devotos lazarillos de la aljama. Las perversas enseñanzas del rabino Ben Yohai, nos enseñan que en el Talmud la aprobación de la pedofilia es "halachah", que viene a significar: vinculante a la ley judía (Yebamoth 60b). Ya en tiempos del Profeta Jesús, esta aberrante práctica fue denunciada por él ante las autoridades religiosas hebreas, obteniendo como respuesta por parte de éstas que los abusos sexuales realizados en los ritos de iniciación entre adultos y niños, estaban amparados por las enseñanzas del vademécum dogmático de la doctrina judaica, constituyendo una transgresión del mandato divino el no cohabitar carnalmente con menores. Debido a estos antecedentes histórico-religiosos, no nos debe extrañar que miembros tan "insignes" (*por extender sus filias sionistas de forma subversiva entre la juventud de Occidente*) dentro de la propia comunidad judía, como son los directores de cine Roman Polanski (*con una causa abierta en los Estados Unidos por la agresión sexual que cometió en 1977 contra una niña de 13 años*) o Woody Allen (*habitual predador sexual de sus hijos adoptados*) fueran investigados por el delito de pederastia. Las actitudes pedófilas divulgadas en el Talmud son ocultadas actualmente ante los ojos de la sociedad Occidental, pero aun así, dentro de la propia comunidad judía, se sigue considerando la práctica del estupro como un estilo tradicional de vida típicamente hebreo.

La idea de considerarse el pueblo elegido por Yahvé, ha generado en el carácter dogmático de las enseñanzas del judaísmo, un trasfondo criminal y genocida. Los judíos deben imponerse a sangre y fuego sobre el resto de naciones y credos religiosos. A través de las enseñanzas teológicas del judaísmo, el destino de toda la humanidad ha venido a recaer en manos de los hijos de las tinieblas, favoreciendo el avance imparable del fanatismo sionista.

En contraposición a la doctrina teológico-imperialista del judaísmo ortodoxo, surgió entre las filas del pueblo judío un profeta que predicó el voto de pobreza y el amor al prójimo, como forma de redención para sus corruptos y descarriados hermanos. Esta disidencia interna dentro de los hijos de Yahvé, no sería tolerada por los rabís judíos y aquel hombre terminaría muriendo en la cruz como un vulgar ladrón. Pero a pesar de su muerte, sus enseñanzas se mantuvieron vivas dentro de sus discípulos, y con el paso del tiempo sus seguidores se terminaron escindiendo de la doctrina judaica, dando lugar a la creación de una nueva religión:

"EL CRISTIANISMO"

–Judaísmo y Cristianismo: La eterna historia de Caín y Abel

"Ellos" concitan a los gentiles contra Jesús; "ellos", con los
gentiles como ejecutores de sus planes, crucifican a "Aquel" que
será levantado en alto como Signo de contradicción.
(Lc. 2, 34).

El cristianismo nació hace más de 2000 años, por medio de una escisión ideológico-teológica del judaísmo dentro del seno de la comunidad semita. En contraposición a la doctrina hebraica (*imperialista y teocrática*), el cristianismo en sus comienzos predicaba una doctrina de sumisión y austeridad como medio para alcanzar la gracia divina, a través de la redención terrenal. Durante siglos, la relación entre judíos y cristianos estuvo plagada de persecuciones, discusiones y acusaciones mutuas de herejía. Al hablar del judaísmo y del cristianismo, no debemos olvidar que ambas religiones comparten un tronco histórico-religioso común (al *igual que el Islam*); y a pesar del, en teoría, "alejamiento" doctrinal existente entre ambas en el ejercicio de la fe, todavía comparten ciertos puntos de convergencia que ponen en riesgo la estabilidad ética y moral de Occidente. ¿Existe pues alguna posibilidad de diálogo y entendimiento entre judíos y cristianos? ¿Es viable para Europa y para el pueblo indoeuropeo un acercamiento doctrinal entre ambas?

Hay que aclarar que los primeros cristianos no creían que mediante la predicación de su nuevo dogma de fe, estuvieran creando una nueva doctrina religiosa. Ellos eran judíos y como tales, lo único que buscaban era su perfeccionamiento espiritual para así servir mejor a su Dios. La principal causa de enfrentamiento entre judíos y sus nuevos compatriotas cristianos, fue la creencia de estos últimos de que con la llegada del profeta Jesús, el Mesías había descendido a la tierra. Otro punto de enfrentamiento entre ambas doctrinas, fue que el cristianismo se apartó de los postulados xenófobos y supremacistas del judaísmo y predicó su mensaje entre los gentiles. Este hecho marcó un punto de inflexión entre ambos pensamientos, ya que el simple acto de haber predicado la palabra de Dios entre los gentiles, fue considerado una herejía de las enseñanzas Talmúdicas y como tal, debía ser castigada. Temerosos de que esta nueva fe captara más adeptos entre su pueblo, criminalizaron a los cristianos acusándolos de que su herejía religiosa podía provocar la ira de Dios sobre Israel. Amparándose en un argumento tan falaz, consiguieron que el propio líder espiritual de los cristianos fuera ejecutado en la cruz, condenado como un malhechor cualquiera. Gracias a su magistral manejo del arte del engaño, los judíos conspiraron también para terminar con las principales cabezas visibles dentro del cristianismo. Un ejemplo claro fue lo sucedido con el apóstol Pablo en Corinto, donde fue denunciado al procónsul Gallón de: "*persuadir a los hombres a honrar a Dios contra la ley*". Como esta artimaña no surgió el efecto deseado, intentaron terminar con la vida del apóstol tras un motín surgido en el Templo a causa, supuestamente, de la introducción de un gentil en el recinto sagrado en compañía del apóstol Pablo.

A lo largo de la historia, la mayoría de las persecuciones cometidas contra el pueblo cristiano estuvieron influenciadas por el elemento judío. El judaísmo nunca perdonó a los cristianos el haberse apartado de la doctrina de Yahvé, y debido a su supuesta herejía, muchos cristianos lo pagaron con su vida. En el año 399, el rey Yazdegerd ascendió al trono del Imperio Sasánida. Éste contrajo matrimonio con una judía llamada Shushdojt, y gracias a la influencia que ella tenía sobre su esposo, consiguió que el rey ordenara perseguir y masacrar a sus súbditos cristianos. Otra infame persecución orquestada por el elemento judío en el Imperio Sasánida, fue la organizada durante el reinado de Bahram V. Bahram V mandó encarcelar y asesinar a toda la población cristiana, para gozo y deleite de los conspiradores sionistas, la cual no tuvo más remedio que exiliarse forzosamente a Bizancio tratando de escapar de la razia del odio semita.

Los desmanes en contra de la población cristiana se perpetuaron en el tiempo, en todas las naciones donde el judío gozaba de una gran influencia política y económica. Un pueblo que especialmente tuvo que sufrir durante siglos la tiranía y la opresión del despotismo judío, fue el pueblo Español durante la invasión árabe de la península. Con la ocupación sarracena de la península ibérica, la mayoría de los asesinatos y persecuciones contra de la población cristiana, fueron alentados y dirigidos por la población judía que habitaba en el bando mahometano. Este tipo de actos beneficiaban notablemente al elemento judío, el cual controlaba el tráfico de esclavos desde España a los países árabes. Con cada campaña bélica de los sarracenos contra los reinos cristianos del norte peninsular, aumentaba el número de esclavos con los que comerciar. La esclavitud era una posibilidad muy real para cualquier habitante indoeuropeo de los países mediterráneos. La posibilidad de ser apresados como esclavo por los barcos negreros judíos, constituía un hecho cotidiano por aquel entonces.

La España medieval era uno de los principales focos de la cristiandad en el mundo, motivo "suficiente" para que su territorio y su población pasaran a encontrarse bajo la atenta mirada del rencor mesiánico-religioso del elemento sionista. Las tropas comandadas por judíos se llevaban a las mujeres y a los niños como ultrajante botín de guerra, dejando tras de sí un siniestro halo de destrucción después de su voraz rapiña. Las condiciones de vida de los esclavos europeos vendidos por comerciantes judíos en los reinos mahometanos eran terribles. Las muchachas blancas eran un artículo sexual de lujo dentro del mundo musulmán, mientras que los hombres eran mandados o bien a galeras o a una muerte segura en las minas orientales. El precio de la mujer variaba en el mercado esclavista dependiendo de su blancura y de su color de cabello, lo cual viene a demostrar que la población Occidental no fue la primera en utilizar los cánones racistas, como base para la organización del sistema esclavista de la población africana. Los jeques árabes estaban dispuestos a pagar grandes fortunas por las mujeres blancas, motivo que avivó la rapacidad de los comerciantes judíos, a la hora de emprender partidas para capturar esclavos en los territorios cristianos de Europa. A raíz de estos actos tan viles (*grabados atrozmente en el recuerdo de la memoria colectiva del pueblo español*), fomentados por las intrigas sionistas, tras la ocupación de Granada por los reyes Católicos, solo se ordenó la persecución y expulsión de tierra cristiana del elemento semita; mientras que a una gran parte de la población conversa musulmana de origen indoeuropeo, que habitaba en extensas zonas del sur peninsular, se les permitió quedar.

Al estudiar la senda historiográfica dejada por la inmortal inquina teológico-dogmática del judaísmo hacia la doctrina religiosa cristiana y hacia sus fieles; conviene destacar la deriva totalitarista que tomaron los dogmas supremacistas del judaísmo durante la etapa más oscura de la historia de Europa. Me refiero a las dictaduras comunistas que infestaron todos los estamentos político-sociales del continente, con sus trasnochados principios basados en el nihilismo materialista, buscando eliminar el sentimiento religioso cristiano de la conciencia de la sociedad Occidental. Finalizada la Segunda Guerra Mundial, Europa se había convertido en una tierra sin libertad, donde gracias a la influencia política judía, el cristianismo y la Iglesia fueron perseguidos y estigmatizados públicamente por los politicastros de turno. Sin duda donde más sufrió la población cristiana esta persecución político-social, fue en los países de cuño comunista, países en los cuales se intercalaron periodos de abierta violencia anti-católica: quema de iglesias, asesinatos en masa, deportaciones,...; con la intimidación administrativa, destinada a conseguir la marginación de la vida pública de los cristianos practicantes. Lo sucedido con los católicos de los países de Europa del este, lo cuales por mantenerse fieles a su fe sufrieron dentro de su país todo tipo de vejaciones, convirtiéndose en ciudadanos de segunda y renunciando a cualquier aspiración de mejora de vida en la escala social o política; fue un crimen de lesa humanidad. Mientras la población católica sufría todo tipo de martirios, el elemento judío pasó a ocupar hábilmente los cargos más importantes dentro de las administraciones comunistas, sin que su libertad religiosa se viera coaccionada de ningún modo.

La eliminación de la influencia moral cristiana dentro de la sociedad Occidental, es algo que siempre ha preocupado al judío internacional. Pese a las persecuciones, torturas, martirios..., a los que se vio sometida la población cristiana, ésta nunca se quebró, demostrando como la reafirmación de una fe basada en el amor y el respeto hacia el prójimo, está moral y socialmente por encima de los dogmas teocráticos del supremacismo sionista. Los regímenes políticos dominados por la influencia judaica consideran al cristianismo una "corriente subversiva", e inculcan a la sociedad el deber de estar alerta ante las *"actuaciones de esta confesión"*. Mediante la eliminación de la conciencia moral cristiana, buscan implantar otro tipo confesiones religiosas (*judaísmo, islam, budismo,...*) que ayuden a debilitar la organización político-social y racial del continente.

En la actualidad, la relación entre judíos y cristianos no ha variado demasiado con el paso del tiempo. Donde más se nota este enfrentamiento dogmático-religioso (*sin contar con los países árabes*) es en el propio territorio de Israel, la libertad de culto se pone a prueba, de un modo especial, en el caso de las conversiones de judíos al cristianismo en dicha nación. En los países árabes cualquier musulmán que abrace la fe cristiana corre un serio peligro de muerte, pero en el caso concreto de Israel, cualquier judío que se convierta al cristianismo, corre el peligro de padecer públicamente una especie de muerte político-social por marginación. Por ello, muchos judíos conversos a la fe cristiana se ven obligados, ante el temor de ser descubiertos por las autoridades del régimen teocrático judío de Israel, a practicar su fe en el anonimato, renegando públicamente de ella y de sus nuevos símbolos religiosos. Incluso el mero hecho de portar la cruz de Cristo puede acarrear graves problemas legales y sociales, ya que la intransigencia judía impide el libre ejercicio de la libertad de culto en territorio israelita. Un ejemplo claro de esta falta total de libertad religiosa fue lo sucedido en Diciembre de 2007, a un grupo de obispos austriacos que pretendían rezar ante el Muro de las Lamentaciones. El rabino encargado del lugar les exigió que se quitaran la cruz cristiana del cuello y al negarse a ocultar los símbolos sagrados de su fe, tuvieron que abandonar el recinto ante las airadas amenazas de los rabís semitas. Pero los desplantes hacia el cristianismo en Tierra Santa no se quedan ahí. Sucesos más desagradables y violentos suceden a diario, convirtiéndose en la tónica habitual en un país repleto de iluminados religiosos con delirios teocrático-imperialistas.

Hay varios informes de diversas organizaciones internacionales que señalan, que el patrón de la escala de violencia anti-cristiana en el territorio de Israel no es un hecho fortuito, sino que está completamente organizado por las autoridades político-religiosas hebreas. Los desplantes de grupos de judíos ortodoxos, habitualmente jóvenes estudiantes para rabino de las «yeshivas», contra los símbolos y representantes de las distintas comunidades cristianas en la Ciudad Vieja de Jerusalén, obedecen a las proclamas incendiarias vertidas desde las zahúrdas hebreas, conocidas coloquialmente como aljamas o sinagogas, llamando a la Guerra Santa contra los supuestos herejes cristianos.

El 10 de Octubre del 2004 Natan Zvi Rosenthal, estudiante de la "yeshiva" (*escuela rabínica*) de Har Homá, escupió contra la Santa Cruz que encabezaba una procesión conducida por el arzobispo armenio Nourhan Monougian. El arzobispo, justamente indignado ante lo sucedido, abofeteó al estudiante, lo que provocó una trifulca entre los religiosos armenios y los grupos de fanáticos ultra ortodoxos hebreos que habían sido convocados a manifestarse por los rabís semitas, causando, como consecuencia del enfrentamiento, el destrozo de un medallón del siglo XVII utilizado por los arzobispos armenios en sus actos religiosos. Otro hecho deleznable, muestra de la intolerancia judaica, fue el ocurrido el 12 de Octubre en la ciudad vieja de Jerusalén, donde un grupo de salteadores teocráticos semitas atacaron, cual vulgares forajidos, a una procesión cristiana de griegos ortodoxos, encabezada por el pope Nourham , al cual le arrebataron violentamente la Santa Cruz con la complicidad policial de las autoridades judías allí presentes.

Estos paladines de la democracia universal, avezados devotos del arte público del plañir, aquellos que tanto magnificaron historiográficamente su persecución en los tiempos del Reich; debieron de haber tomado buen ejemplo de los supuestos métodos de intimidación inculcados por las autoridades nacional socialistas. De no ser así, resulta inexplicable como el 16 de Octubre, varias estrellas de David aparecieron pintadas en la fachada principal del Monasterio de la Cruz y en la catedral rusa de la Santísima Trinidad, como conminación hacia los fieles cristianos.

El gobierno israelí y la comunidad hebrea en general, se indignan cada vez que se producen ataques contra los intereses judíos en cualquier lugar del mundo. Entonces, ¿por qué no toman serias medidas para frenar esta escalada de violencia anti-cristiana fomentada por sus correligionarios? A raíz de la persecución político-religiosa a la que se ve sometida la población cristiana de Israel, su número ha disminuido drásticamente durante las últimas décadas. En 1922, en Jerusalén los cristianos representaban un 52% de la población, mientras que hoy en día apenas llegan al 2%. ¿A qué se debe este éxodo? ¿Estamos quizás ante un claro ejemplo de limpieza étnico-religiosa del territorio de Israel? ¿Por qué la comunidad internacional calla vilmente y no dice nada al respecto? Bien saben los burócratas internacionales que no deben morder la mano del que les da de comer, de ahí la impunidad con la que actúa el estado de Israel y sus despiadados alborotadores religiosos, en su cruzada por extender los dogmas teológicos del judaísmo más visceral.

Amparándose en el actual falseamiento del concepto de libertad de expresión, el capital hebreo financia en su cruzada universal en contra de la Iglesia Católica y sus valores morales, todo tipo de películas, programas de televisión, artículos de prensa,...; en una campaña maldiciente de difamación gratuita a nivel internacional sin precedentes en la historia. Pero, ¿qué sucedería si esta misma campaña calumniadora se realizara desde Occidente en contra de otras creencias o cultos religiosos? ¿Por qué Israel sigue amparando, política y financieramente, con sus discursos y acciones a los enemigos de Occidente y de la civilización Cristiana? ¿No se dan cuenta de qué cuando la Europa Cristiana desaparezca ya no habrá nada que detenga al fanatismo Islámico? Con la caída de Occidente también se producirá la caída de Israel, ya que su verdadero enemigo (*el Islam*) entrará impetuosamente en la escena internacional. Entonces Israel comprenderá con su aniquilamiento, que ya será demasiado tarde para las lamentaciones.

—Judaísmo e Islam: Choque de civilizaciones

"Las almas de los no judíos provienen de espíritus impuros y se
llaman cerdos."
(Jalkut Rubeni Gadol, 12)

Históricamente, el mundo islámico nunca ha visto con buenos ojos a la nación de los hijos de Abraham. Su actitud hacia el judaísmo se podría definir como abiertamente hostil, aunque también es cierto que en momentos determinados de la historia, el judaísmo y el Islam han formado coalición para intrigar en contra de los intereses occidentales y de la religión cristiana. En la actualidad, los musulmanes practicantes constituyen un 25% de la población mundial (*1.500 millones de personas aproximadamente*), siendo la segunda religión más practicada en el mundo (*la primera es el cristianismo con todas sus variantes*) y su órgano internacional más importante (*la Liga Árabe*), todavía sigue sin reconocer al estado de Israel. Pero, ¿de dónde viene esta ancestral enemistad entre judíos y musulmanes?

Para comprender mejor los orígenes de este conflicto, hay que saber que no todos los árabes son musulmanes y que tampoco todos los musulmanes son árabes, la teología islámica es racialmente cosmopolita e internacionalista. También es importante no caer en falsos estereotipos a la hora de analizar la situación, ya que ni todos los árabes y musulmanes odian a los judíos, como tampoco todos los judíos odian a los árabes y musulmanes. Sin embargo aclarado este punto, no hay que obviar el hecho de que generalmente los musulmanes abrigan un sentimiento de rechazo y desconfianza hacia los judíos, y por norma general, este sentimiento suele ser recíproco.

Con el advenimiento del Islam en el siglo VII, los dogmas islámicos se extendieron con rapidez entre los pueblos paganos de origen árabe, obteniendo pronto una gran relevancia a nivel político-religioso dentro en las nuevas sociedades que mostraron interés por su sistema organizativo teológico. La historia de los judíos en las distintas naciones árabes se caracterizó no solo por capítulos de abierta violencia y hostigamiento, sino también por épocas de cooperación en el plano político-económico a la hora de embarcarse en una aventura conspirativa, con la que pretendían dinamitar los valores morales de la cristiandad en Occidente. A pesar del abismo religioso que separaba a ambas comunidades, los judíos lograron ocupar durante la primera etapa del Islam, importantes puestos administrativos dentro de los territorios árabes, pero también es cierto que pronto surgirían discrepancias entre ambas doctrinas religiosas.

La animadversión general del Islam hacia los judíos queda fielmente reflejada en ciertos pasajes del Corán, pese a que ley religiosa del mahometismo está repleta de elementos histórico-religiosos de la tradición hebrea. Según ciertas "Suras", la ley de Aláh exige a todo buen musulmán la aniquilación y el sometimiento de todos aquellos que rehúsen convertirse al Islam (*tanto judíos como cristianos*):

"Habla en nombre Alá y Su Enviado (Mahoma), dirígete a los hombres el día de la peregrinación mayor. «Alá no es responsable de los asociadores (Cristianos y Judíos), y Su Enviado tampoco. Si se arrepienten será mejor para ellos. Pero, si no obedecen y toman la

espada, hazles saber que no escaparán de Alá». ¡Anuncia a los
infieles (Cristianos y Judíos) un castigo doloroso!"
(Corán. Sura 9:3).

Examinando la historia se puede observar que, verdaderamente, el enfrentamiento entre ambas doctrinas religiosas comenzó tras la emigración de Muhammad a Medina. El desencuentro entre Muhammad *(que se consideraba el último profeta del monoteísmo mosaico)* y el pueblo judío, surgió tras el ofrecimiento de éste al pueblo hebreo a convertirse a la nueva fe que él mismo predicaba, y a dejar de lado sus antiguas creencias. El rechazo de estos a la propuesta, hizo que se generara entre ambas religiones una abierta animosidad, que se plasmaría en las revelaciones en el Corán y en el Hadith. Otra de las causas del enfrentamiento doctrinal entre el Islam y el judaísmo, fue el conflicto surgido a raíz de la polémica sobre quién fue el verdadero hijo de la promesa de Abraham. Según comenta el Corán, había sido Ismael a quien Abraham ofreció en sacrifico al Señor, en cambio las Escrituras hebreas nos cuentan que en realidad fue a Isaac al que ofreció en sacrificio.

Antes de la afrenta religiosa recibida por parte del mundo hebreo, Muhammad había adoptado varios elementos de la práctica judía. En verdad creía que la nueva fe que predicada necesitaba la validación por parte de los Hijos de David, para consagrarse como un movimiento religioso independiente. Entre las costumbres adoptadas por Mahoma para ganarse la simpatía del pueblo judío, cabe destacar: los rezos diarios mirando en dirección a Jerusalén *(que tras la negativa judía a abandonar su fe se cambiaron hacia la Meca)*, el ayuno en tiempo del Iom Kipur *(sustituido por el del Ramadán)* y algunas prácticas alimentarias judías que se dejaron de lado al poco tiempo después.

Estas dos doctrinas teológicas poseen distintas percepciones respecto a la concepción de la figura de Dios y su relación con el hombre. También disienten en valores tan relativos como: la libertad individual, la autoridad, la jerarquía religiosa, el mestizaje,… Estas diferencias son el resultado de siglos de confrontación religiosa, que han derivado en prolongados y violentos conflictos armados entre ambas facciones, por ejemplo: la Yihad. Según el arabista Bernard Lewis, la Yihad supone dentro de la idiosincrasia mahometana, uno de los pilares básicos de la fe musulmana. En diversas suras del Corán podemos encontrar varias muestras de la incitación a la Guerra Santa en contra de los "descreídos":

"La palabra de Dios y el mensaje de Dios es para toda la humanidad; es deber de aquellos que la han aceptado esforzarse (ÿahada) sin descanso por convertir o al menos someter a los que no la aceptan. Esta obligación debe continuar hasta que el mundo entero haya aceptado la fe islámica o se halla sometido al poder del estado islámico. Hasta que eso ocurra, el mundo estará dividido en dos: el Territorio del Islam (dâr al-Islâm) y el Territorio de la Guerra (dâr al-Harb), que comprende el resto del mundo. Entre ellos hay un estado de guerra moralmente necesario, legal y religiosamente obligatorio, hasta el final e inevitable triunfo del Islam sobre los no creyentes."

La historia del judaísmo y el Islam es equiparable a la relación entre el judaísmo y el cristianismo. La doctrina judía nunca perdonó al cristianismo su herejía secesionista, al igual que Mahoma nunca perdonó al pueblo judío el haber rechazado la nueva fe que este les ofrecía.

A día de hoy, la mayoría de los que opinan del conflicto entre musulmanes y judíos, lo hacen desde una perspectiva superficial y resabiada, con el típico aroma de la carcoma intelectual, que suele aparecer en la sesera de los visionarios del multiculturalismo materialista internacional de la Alianza de Civilizaciones. El *"choque de civilizaciones"* existente entre el mundo teocrático islamista y el judaísmo internacional, está fundamentado en elementos culturales y sociales, pero sobre todo, el principal motivo que enfrenta a judíos y árabes es: el sistema étnico-religioso de los dogmas del supremacismo judío y el fanatismo religioso árabe. Nos encontramos pues, no ante un conflicto teológico o social simplemente sino más bien ante un conflicto racial, que se apoya en la intolerancia religiosa para justificar sus ansias "exterminacionistas".

Desde el punto de vista islámico, la actual confrontación con el estado de Israel es una disputa teológica entre las fuerzas del bien y del mal, entre la verdad de las enseñanzas de Muhammad y la blasfemia religiosa de los renegados judíos. La existencia de un estado judío dentro del territorio geopolítico árabe, ha fomentado el resurgimiento de la llamada Yihad o Guerra Santa, con la que pretenden liberar a sus "hermanos" palestinos del yugo político-religioso de la "herejía" del judaísmo semita. Con la creación del estado de Israel, el Islam perdió frente al judaísmo la preponderancia histórica y dogmática de la que había gozado, centurias atrás, en el territorio de palestina. Por eso el conflicto teologal existente en Oriente Medio entre el mundo musulmán y el judaísmo semita, solo tiene una única vía: la desaparición del estado de Israel y su sustitución por un estado teocrático palestino.

Hay que tener en cuenta que a pesar de que Israel está geográficamente situado en Oriente Medio, su órbita ideológica y cultura tiene muchas más similitudes con el mundo Occidental (*especialmente el anglosajón*) que con el mundo musulmán. La sincronía político-económica existente entre el estado de Israel y las naciones occidentales, ocasiona que el odio del mundo islámico hacia Israel y hacia el judaísmo, se vea reconducido contra el pueblo indoeuropeo. No hay que obviar el hecho de que Occidente le sirve de parapeto político-militar al estado de Israel, para anexionarse los territorios de sus vecinos islamistas, de ahí que éste se encuentre en el punto de mira de los muyahidín del blasón de la media luna. La realidad del enfrentamiento islámico-israelí no ha hecho más que comenzar, la pregunta crucial es: ¿de qué lado se posicionará el mundo Occidental?

LA CUESTIÓN POLÍTICA

–El Sionismo: Realidad político-social del pueblo judío

"La fuerza del puño judío proviene del guante de acero americano
que lo recubre, y de los dólares que lo cobijan"
(Yeshayahou Leibowist, "Israël et judaïsme", p. 253)

Mucho se ha escrito sobre el movimiento sionista y su relación conspirativa con los hijos de Abraham. El sionismo es un movimiento político-totalitarista de carácter xenófobo e imperialista, que nutrió su base ideológica aglutinando diferentes conceptos de fuentes bíblicas, históricas y culturales entorno a la figura del pueblo de Israel. El ideario sionista se elaboró a finales del siglo XIX, dentro del ámbito intelectual del pueblo hebreo en la Europa central y del Este, con el único fin de promover el retorno del pueblo judío a su patria "ancestral" *(Israel)*, para a posteriori, tras consolidar su poderío hegemónico, lanzar una ofensiva contra Occidente y el pensamiento moral cristiano. Buscan instaurar a toda costa su nuevo emporio transnacional del raciocinio materialista, basado en la putrefacción moral del credo sionista.

El sionismo tomó su nombre de un lugar emblemático para el pueblo judío: el monte Zion, una de las colinas más importantes de Jerusalén.

El sionismo no solo es un fenómeno cultural que se da entre el pueblo hebreo, más bien se trata de una realidad político-social que está determinada por unos intereses económicos muy concretos. Debido a los mecanismos de presión que posee el sionismo para extender su ideario doctrinal, las naciones que no se supeditan a los designios mesiánicos del pueblo de Yahvé, son coaccionadas a nivel internacional, teniendo que aguantar injustas sanciones económicas o militares, impuestas desde organismos de control afines al ideario hebraico; con las que silencian las voces discordantes frente a la política totalitarista practicada por el elemento judío.

El proyecto sionista fue promovido en esencia como una imitación contradictoria de los movimientos nacionalistas europeos. Los preceptos que conforman su ideario doctrinal, están únicamente basados en los valores etnográficos aportados por los dogmas de fe del judaísmo semita. A pesar de que el pueblo judío ha carecido durante casi dos mil años de un estado propio en el que poder asentarse, su conciencia nacional como pueblo nunca se vio resentida durante su errático deambular por el mundo. El nacionalismo sionista surgió del pensamiento teologal hebreo como una idea abstracta, como una herramienta que ayudó a forjar los pilares de un estado irreal, carente de población y de territorio en el que poder asentarse. En su utopía unificadora, los ideólogos sionistas pasaron por alto hechos tan transcendentales como las diferencias raciales existentes entre su disgregada comunidad étnico-religioso, sin olvidar que también obviaron el hecho de la inexistencia de un idioma común que le sirviera como nexo en su hipotético estado.

El movimiento sionista, como movimiento político organizado, estuvo vinculado desde sus comienzos al escritor de origen judío Theodor Herzl, aunque también es cierto que otros pensadores e intelectuales judíos ya habían contribuido mucho antes que él con ideas similares. Los padres fundadores del sionismo político fueron introduciendo al nuevo movimiento un aspecto ideológico concreto, basado en las aspiraciones imperialistas de la teosofía clarividente del sistema dogmático del judaísmo, alentando la inmigración hebrea al actual territorio que ocupa el estado de Israel, conformando en él una nueva nación que se convertiría en el "umbiculus mundi" de las relaciones económicas internacionales. Mencionado esto, no debemos olvidar que el verdadero artífice de la idea del estado de Israel fue el semita Theodor Herzl, con su llamado sionismo político.

Herzl nació el 2 de mayo de 1860, hijo de una familia judía que procedente de España, se había instalado en territorio Húngaro para hacer fortuna. Herzl promovió desde sus comienzos el retorno de los judíos a la "tierra prometida", alegando que el antisemitismo que se vivía en Europa hacía imposible la convivencia entre judíos e indoeuropeos. Para lograr este objetivo, creó una organización de carácter sionista llamada *"Fondo para la Colonización"*, mediante la cual se promovió y se financió el establecimiento de los nuevos colonos judíos en el territorio palestino. El ideario político-social que conformó el sionismo de Herzl, estuvo influenciado por las enseñanzas doctrinales del filósofo judío Moses Hess, en especial por su obra "Roma y Jerusalén" (*obra clave para el movimiento nacional judío*). Las tesis doctrinales de Herzl también se vieron alteradas por el discurso migracionista del médico ruso de origen judío Leiv Pinsker (*secretario del movimiento "Jibat Sion" y creador del movimiento "Amantes de Sión"*). Desde un punto de vista teocrático, Pinsker promovía en su obra *"Auto emancipación"* la fundación de asentamientos judíos en territorio Palestino, a raíz del supuesto antisemitismo (*desde luego que recurrente resulta este término*) que se vivía en Europa, el cual, según su perspectiva, era el origen de todas las desdichas que le habían acontecido hasta entonces al pueblo judío.

Durante toda su vida Herzl luchó (o intrigó, todo depende del ángulo con el que se observe) por la creación de un estado hebreo. Según su visión partidista de la situación geopolítica internacional, mientras el pueblo judío siguiera viviendo en la Diáspora, jamás tendría realmente el peso político necesario para edificar su gobierno trasnacional en la sombra. Por ello el problema judío debía ser resuelto en el plano internacional, a través de la fundación de un estado hebreo. Para llevar a cabo su estrategia, Herzl creó una poderosa organización político-económica de carácter sionista, precursora de los lobbys de presión, para influir en la política internacional dictada por los gobiernos de corte occidental. Los órganos más relevantes dentro del aparato político de presión sionista: congresos, comités, asambleas locales,…; se encontraban directamente bajo su supervisión, lo cual le permitía dirigirlos con mano de hierro. Herlz fallecería el 4 de julio de 1904 a consecuencia de una anemia cerebral, sin haber previsto que a consecuencia del auge del fundamentalismo musulmán y a la heroica resistencia mostrada por la población palestina ante la ocupación neocolonialista hebrea; sus pretensiones imperialistas en lo referente a la creación de un estado propiamente judío, se verían seriamente amenazadas.

La creación del estado de Israel en Palestina, fue sin duda una solución moderna a la problemática de la cuestión judía, decisión que se vio favorecida por la influencia político-económica de la que goza el ente sionista a nivel mundial. Debido a que el principal objetivo de la política sionista fue siempre la creación de un estado nacional judío a través del colonialismo, se podría decir que la conducta que mantuvieron hacia los palestinos tras la ocupación ilegal de su territorio, fue más una conducta de exclusión y de explotación que de convivencia, llevando a cabo una reestructuración social marcadamente xenófoba y clasista. Los colonos judíos que llegaron a Palestina consideraron, desde un primer momento, a la población autóctona como un elemento molesto, como una enfermedad a erradicar. Lo más surrealista de la situación fue que cuando los judíos comenzaron a establecerse, ya había más de un millón de palestinos viviendo allí. Este hecho fue en principio un obstáculo para el proyecto sionista, ya que para la creación del estado de Israel necesitaban despoblar el terreno de sus antiguos moradores. Para lograr dicho objetivo se emplearon políticas abiertamente genocidas, buscando eliminar la presencia racial y social palestina; todo esto, claro está, bajo el amparo político de los organismos de control internacional, los cuales pretendían retribuir con su hipócrita venia a la política exterminacionista del estado de Israel, los favores económicos recibidos antaño por parte del ente sionista.

En la medida que el conflicto palestino-israelí se eterniza en el tiempo, los poderes fácticos del sionismo, ayudados por el capital internacional, tergiversan los hechos, estableciendo una hegemonía informativa que elimina las voces discordantes con el ideario colonialista hebraico. Gracias al inmenso poder que otorga la posesión del monopolio internacional de los medios de comunicación, el sionismo ha logrado que el estado de Israel coexista en un trance permanente de impunidad procesal, adquirida bajo una forma conceptual propia del entendimiento de la legalidad sumarial. Esta situación tan anómala dentro del plano jurídico internacional, también ha permitido "invisibilizar" los crímenes de lesa humanidad cometidos por el ejército israelí (*financiado por el capital sionista*) tras.

El sionismo político como concepto explicativo de la sustantividad histórica del elemento judío, adquiere la capacidad de alterar la percepción de la realidad político-social que le rodea, logrando categorizar en el tiempo, en un plano de exención permanente, sus acciones belicistas, minimizando según sus intereses, los elementos que le resultan mediática y políticamente contrarios. El sionismo se ha otorgado el derecho de manipular los designios de las comunidades judías que aún viven en la Diáspora, utilizando, hipócritamente, el fervoroso sentimiento de unidad teológico-racial de la comunidad hebrea. Por ello tratan de reescribir la historia del pueblo judío de tal manera, que ésta se ha terminado por amoldar a los postulados imperialistas del sionismo político más radical. Esta falsificación teórica y cultural de la historia, incide directamente en el pensamiento de la mayoría de los ciudadanos judíos de Israel y de la Diáspora. Desde la óptica sionista, las viejas taras heredadas por el elemento judío durante la Diáspora, únicamente pueden ser superadas tras la creación de un nuevo modelo de orden internacional (*más acorde a su doctrina*), comandado, como es evidente, por el elemento hebreo.

Las contradicciones generadas por ciertos dogmas del ideario sionista, hacen que valga la pena preguntarse si el estado de Israel no representa más que una negación en sí misma. El sionismo político no tiene ya sentido alguno, después de la creación del estado de Israel, por lo tanto, si los judíos quieren terminar de una vez por todas con la mala fama que les precede, deberán romper todos los vínculos que les unen al sionismo y renegar de su proyecto original de imperialismo colonialista transnacional. Solo entonces, tras su transmutación político-teológica, el judío ya no será nunca más considerado como un "Judío".

–El sionismo y el mundo anglosajón: Welcome to United States of Israel

"El Primer Ministro de Israel tiene mucha más influencia sobre la política exterior de los Estados Unidos en el Oriente Medio que la que tiene en su propio país".
(Paul Findley, The dare to speak out, p. 92)

Desde la creación arbitraria del estado de Israel, la política internacional llevada a cabo por los gobiernos del mundo anglo-sajón: Estados Unidos, Inglaterra, Australia,...; se ha centrado principalmente en la defensa a ultranza del nuevo estado sionista, convirtiéndose en sus principales protectores, intercesores jurídicos y distribuidores de todo tipo de armamento a nivel mundial. Con ello intentan asegurar la supremacía israelí en la actual zona de Oriente Medio, ya que dicha región es un territorio de alto interés estratégico *(a nivel político y económico)*, debido a que contiene una gran cantidad de reservas de recursos energéticos.

Es de dominio público que tanto los Estados Unidos como Inglaterra, fueron los principales artífices de la consolidación del tiránico estado de Israel; y que fue gracias a las presiones ejercidas por los lobbys sionistas norteamericanos dentro de la cúpula dirigente de las Naciones Unidas, que éste nuevo estado fue aceptado en su seno como un miembro más, sin cuestionarse la falta de legitimidad jurídica unida a su arbitraria creación. Para lograr que el Estado de Israel fuera consagrado como un "socio" igualitario a nivel político dentro de la esfera Occidental, el sionismo anglo-sajón centró su discurso en los supuestos beneficios que se cosecharían tras la creación de un estado judío en la zona de Oriente Medio. Adaptaron la realidad político-social imperante en la zona, para que Israel apareciera ante los ojos de la opinión pública como un ejemplo de democracia moderna de corte occidental, respetuosa con los derechos humanos y principal garante de los intereses económicos de la oligarquía, frente a las pretensiones de las teocracias islámicas.

La base fundamental de la campaña de marketing llevada a cabo por el imperio mediático de la élite racial, con el fin de lavar la imagen del estado criminal creado a imagen y semejanza de sus dogmas teocrático imperialistas, consiste en evitar a través de la censura, los comentarios críticos que cuestionen los soportes políticos, económicos, teológicos e históricos que sustentan al estado judío, publicitando únicamente los puntos de vista favorables a los intereses geoestratégico de la jet set del ente sionista transnacional. Debido a la capacidad manipulativa de los lobbys sionistas (*ejercida a través del empleo de la coacción político-económica*), los gobiernos del mundo anglosajón actúan como meras comparsas de salvaguardia privada del elemento judío, protegiendo al estado de Israel de cualquier consecuencia a nivel internacional, derivada de su beligerante comportamiento y sus continuos desafueros a nivel político, económico, teológico y militar. Gracias a la influencia de los lobbys sionistas en los gobiernos de las naciones anglo-sajonas, Israel no solo recibe armamento de última generación a un coste muy por debajo de su precio real de mercado, ya que lo obtiene bajo términos mucho más favorables que el resto de las naciones de las que los EEUU y sus filiales políticas son acreedoras; sino que también goza del privilegio que otorga el poder manejar la información secreta, obtenida a través del espionaje internacional realizado por las fuerzas de seguridad estadounidenses.

La eutanasia política llevada a cabo por el mundo anglosajón, derivada de su agenesia moral, obedece a los dictámenes del programa geoestratégico confeccionado por las organizaciones sionistas. Esto demuestra hasta que punto la corrupción moral y ética de sus burócratas, les lleva a dejar de lado los intereses de su propia comunidad para servir a los mesiánicos designios del pueblo judío. Lamentablemente el pueblo anglosajón no tiene una verdadera conciencia general de la situación político-social en la que les han sumido sus corruptos gobernantes. Las decisiones tomadas por sus dirigentes nacionales, en lo referente al ámbito de la política internacional, son controladas por una reducida minoría perteneciente al entorno político de la élite racial, la cual no dudaría ni un solo momento en destruir al pueblo indoeuropeo, si con ello lograran la supremacía política del sionismo a nivel mundial. Lo insalubre e incoherente que resulta la relación política, económica y militar existente entre el entre el estado de Israel y el mundo Occidental (*en este caso en concreto el mundo anglosajón*), es a todas luces evidente.

El discurso de las organizaciones sionistas se basa en la hegemonía etérea judía sobre el poder y en los delirios idólatras de sus rabís, fundamentados en las convicciones teológicas de los dogmas del judaísmo. La civilización cristiana y el mundo árabe aparecen como el principal objetivo a suprimir en el plano geopolítico, ya que según los axiomas del sionismo, estas sociedades son un obstáculo para la creación del Gran Israel debido a su "indignidad", heredada de su condición de pueblos gentiles.

Los grupos de presión o lobbys sionistas que salvaguardan los intereses judíos, conforman una tupida red de extorsión estamental a nivel internacional, con el único fin de beneficiar política, económica y judicialmente al estado de Israel. Los lobbys semitas son financiados en la sombra por las grandes corporaciones transnacionales de la industria armamentística, petrolera, bancaria,...; buscando favorecer la puesta en práctica de los delirios imperialistas sionistas. Estos grupos de presión operan, impunemente, en todos los estamentos institucionales del mundo anglosajón y de una manera más notable en los resortes políticos, sociales y militares de los Estados Unidos (*la C.I.A, el Pentágono, la Casa Blanca, el Comité estadounidense de asuntos públicos de Israel, el Congreso judío estadounidense, el Mercaz-Usa, la Z.O.A,...*). Las organizaciones sionistas utilizan el chantaje político-económico, ejercido a través de la presión de sus lacayos plenipotenciarios de las grandes financieras transnacionales, como arma disuasoria que asegure que la política exterior llevada a cabo por las naciones "blancas", sea claramente favorable a sus intereses.

El sionismo del mundo anglosajón, y en especial el americano, vive anclado en la erudición demagógica. Los mesiánicos análisis y diatribas sobre las relaciones internacionales y la posición dominante de Israel en ellas, parecen obedecer al patrón dogmático típico de la doctrina sionista. Gracias a la presión ejercida por estos lobbys, el estado de Israel controla en la sombra la política militar llevada a cabo por las naciones angloparlantes en la región de Oriente Medio. Amparándose bajo el falso pretexto de la supuesta amenaza que representan estos regímenes para los intereses de Israel y del mundo, las organizaciones sionistas envenenan las relaciones político-económicas existentes entre Occidente y el mundo Islámico, condicionando, según sus intereses, el apoyo de la administración estadounidense y sus filiales respecto al plan de política antiterrorista internacional, ideado por el estado de Israel para el mundo árabe. La hábil estrategia ideada por el conciliábulo semita, refuerza los lazos económicos y militares del mundo "Blanco" con el gobierno xenófobo y teocrático de la ejecutiva israelí y con las organizaciones sionistas. Esto origina que la dinámica general de las acciones político-militares llevadas a cabo por los EEUU y sus aliados en Oriente Medio, se deba, casi en exclusiva, a las intrigas políticas confeccionadas por el elemento judío desde los organismos de control.

El firme apoyo mostrado por el gobierno de los EEUU y sus sucursales, a las políticas mesiánico-imperialistas del sionismo más cosmopolita, permite que el estado de Israel coexista en una sustantividad judicial paralela al plano internacional. La supuesta "*excepcionalidad*" moral e histórica vinculada a la figura del pueblo judío, le ampara sumarialmente de las condenas emanadas desde los organismos de control internacional, por los crímenes de lesa humanidad cometidos por el sionismo y en especial, por el estado de Israel. La anómala situación en el plano de la legitimidad procesal, respecto a la total impunidad con la que actúa el estado judío de Israel, es percibida desde las organizaciones político-sociales más importantes del sionismo a nivel internacional (el *ejército israelí, el Mossad, los lobbys sionistas estadounidenses,...*), como una muestra de debilidad por parte del mundo Occidental.

La política de bienestar judía defendida por las organizaciones sionistas, está por encima de los Derechos Básicos del resto de naciones. Según su ideario dogmático, basado en el colonialismo mesiánico, cualquier método utilizado para llevar a cabo sus planes, es totalmente lícito. Los designios del pueblo elegido están por encima del derecho a la vida de los gentiles. Quien ose desafiar al Nuevo Orden social, establecido por los lobbys sionistas y sus aliados, es rápidamente tildado de antisemita, filo-nazi,…; presiones anti-democráticas que ocasionan que el individuo se vea obligado apartarse de la escena pública, por temor a represalias por parte de los fanáticos pro-israelís.

Los lobbys sionistas de Norteamérica han conseguido que cualquier discusión pública sobre las actuaciones llevadas a cabo por el estado de Israel en el concierto internacional, sean consideradas un tema tabú, una caja de Pandora político-mediática que no debe salir a la luz, bajo ninguna circunstancia. La opinión pública respecto a la problemática judía del sionismo, es hábilmente manejada desde los principales medios sociales de comunicación anglosajones, controlados en su gran mayoría por elementos semitas. Haciendo gala de la indignidad que va implícita en todo aquello que tenga alguna relación con el sionismo, los medios de comunicación afines al ideario oficial, omiten cínicamente en su campaña pro-Israel, las matanzas en masa de civiles palestinos y la destrucción de los lugares históricos de culto para los cristianos. Medios de comunicación tan insignes como son: The New York Times, The Washington Times, The Wall Street Journal,…, se posicionan claramente a favor del bando pro-sionista, lo cual resulta obvio al observar como el ideario doctrinal de sus directivos es fácilmente reconocible por la "*Kipá interior*" que suelen lucir, para demostrar su fidelidad a los hijos de Abraham.

La principal arma del sionismo anglosajón para silenciar las voces discordantes, es la utilización de la tan raída acusación de antisemitismo. El ambiente censor que rodea la vida pública de las naciones anglosajonas, es el principal motivo que impide a sus ciudadanos el mostrarse críticos respecto a la posición política de sus países y el apoyo que estos brindan a Israel, hipotecando su futuro y el de sus ciudadanos en un brindis al sol, que únicamente favorece a la élite racial.

 Generalmente las consecuencias ocasionadas por oponerse a la política imperial del hampa sionista: creación de listas negras en las universidades, amenazas telefónicas, difamaciones públicas,...; terminan por suscitar en la sociedad un sentimiento de falta total de libertad electiva y de analfabetismo político-mediático de tintes peligrosos. Se necesitaría abrir un debate libre y serio sobre la influencia político-social de la que goza el sionismo en el consorcio político de los burócratas del mundo anglosajón, por el bien del pluralismo ideológico y de la libertad individual. El oscurantismo político derivado de la mordaza social impuesta por el ente sionista, nunca ha sido un buen síntoma para unas supuestas democracias.

—Nuevo Orden Mundial: Barack Obama Títere del Sionismo Internacional

"Cada vez que hacemos algo, me dices que América hará esto o lo otro. Quiero decirte algo muy claro: No te preocupes por la presión norteamericana sobre Israel. Nosotros, los judíos, controlamos América y los americanos lo saben".
Ariel Sharon, 3 de octubre de 2001. (Declaración difundida por la emisora Col Israel y *por el The Independent Palestinian Information Network, The Washington Report on Middle East Affairs* y el diario ruso *Pravda*, en su edición del 4 de octubre)

Desde la instauración del primer gobierno de los Estados Unidos, los sátrapas de turno que aspiran a acceder a la presidencia de dicha nación, deben contar con la aprobación y el apoyo político-financiero del ente sionista internacional, en una especie de plebiscito privado en el cual se coteja a los futuros candidatos a politicastros, para ver cuál de ellos defiende mejor los intereses del elemento judío y del estado de Israel.

Con la elección para el cargo presidencial del supremacista negro Barack Hussein Obama, el futuro político de los EEUU se presenta "oscuro", "sombrío", "opaco". Es un panorama nada alentador, fruto de la farsa democrática escenificada con la elección, cuanto menos "pintoresca", del candidato de "color", candidato por cierto, elegido por los lobbys sionistas para defender sus privilegios en el concierto internacional. Obama, al igual que sus antecesores en el cargo, ha tenido que pagar un alto "peaje" político por haber accedido al cargo presidencial. Su apadrinamiento político por parte de los poderes fácticos transnacionales, le convierte en un títere supeditado a los intereses monetarios de la banca sionista, en un prisionero que debe acatar las reglas impuestas por su carcelero (*que en este caso es su mentor político y financiero*), el cual es un ferviente defensor de la máxima del todo vale por y para Israel.

Con la elección del judío Rahm Israel Emanuel (*hijo de un fundamentalista hebreo miembro del destacado lobby sionista AIPAC (American Israeli Public Affairs Comité)*) para el cargo de jefe del gabinete gubernamental del staff de la administración Obama, se perpetúa en el gobierno de los EEUU la clara tendencia pro-israelí mantenida por su antecesor George W. Bush. Cabe mencionar el hecho de que el padre de Emanuel (*Benjamín Emanuel*) suministraba armamento de contrabando a una milicia terrorista de ideología sionista, supeditada políticamente al primer ministro israelí Begin, durante los años 40. En su etapa como miliciano, el padre de Rahm Israel Emanuel llevó a cabo numerosos atentados terroristas contra la población civil palestina, incluyendo el ataque con bomba al Hotel King David. Al igual que su progenitor, Rahm Emanuel es un peligroso extremista pro-israelí, que se beneficia de su posición política para servir a los intereses geoestratégicos del sionismo mundial, silenciando la situación de indefensión en la cual se encuentra la población palestina, ante los desmanes cometidos por el despótico régimen teocrático de Israel.

Emanuel no es el único judío de la administración Obama. No debemos olvidarnos del famoso congresista judío David Axelrod, el "Obama´s narrator" (*llamado así por el New York Times*). Desde el punto de vista financiero, la nueva administración de Obama no aporta nada nuevo al escenario económico internacional, ya que peca (*al igual que la administración Bush*) de excesiva confianza en la rama judía del sector economista. Obama nunca hubiera recibido el apoyo sionista durante la campaña, si no se hubiera comprometido a entregar el control de la administración financiera al elemento semita, encarnado en la figura del judío Lawrence Summers, nuevo asesor económico de la Casa Blanca, el cual durante el mandato gubernamental del ex-presidente demócrata Bill Clinton, ocupó el cargo de Secretario General del Tesoro,. También fue uno de los principales promotores del sistema de mercado especulativo que actualmente está derivando hacia el colapso mundial de la economía.

El supuesto hito histórico que representa la elección como presidente de los EEUU de un afro-americano, no es más que un globo sonda destinado a distraer la conciencia intelectiva del pueblo americano, para que así éste no logre darse cuenta de la verdadera situación económica en la que se encuentra su país. El supuesto cambio generacional y gubernamental que los pravda internacionales nos intentaron vender con esta nueva administración, no es más que una cortina de humo con la cual se trata de ocultar, a través del *"exotismo" racial del nuevo mesías de los politicastros del progresismo multicultural*, los excesos económicos cometidos por los especuladores sionistas. Las expectativas de la administración Obama en cuanto a lo que se refiere a la política internacional de los EEUU, se centran principalmente en complacer los designios imperialistas de los poderes fácticos transnacionales.

El nombramiento como vicepresidente del pro-israelí Joseph Rabinette, es la consecuencia inevitable de la estrecha relación de camaradería que mantienen la administración Obama y el estado de Israel. La sombra semita de los hombres fuertes del gabinete Bush es demasiado alargada y sombría, casi tanto, que la mayoría de los asesores de la antigua administración Bush, ocupan actualmente algún cargo político en el gobierno de Obama. La presencia del clan Clinton, representado por Hillary, en la administración Obama, reafirma el liderazgo de los lobbys sionistas liberales del Partido Demócrata. A pesar de su derrota electoral como candidata para representar al partido Demócrata en las elecciones generales, Hillary ha sido designada por su lealtad al ente sionista, para el puesto de secretaria de Estado de la administración Obama. Este magistral golpe de efecto por parte de los lobbys sionistas liberales, encuadra dentro de las pretensiones políticas de la banca internacional y su máxima de preservar los intereses globales del capitalismo judeo-americano y sus filiales europeas, a través de la presencia del clan Clinton en la Casa Blanca.

No es ninguna casualidad que al frente de las consejerías de la administración Obama, se haya acomodado una pequeña elite racial dirigente, la cual ha conseguido amasar enormes riquezas durante la crisis financiera internacional, acosta de financiar y promocionar a los líderes políticos norteamericanos; los cuales, llegado el momento, saben retribuir generosamente los favores prestado por el elemento judío. Millones de norteamericanos han perdido sus empleos y sus hogares, debido al voraz sistema capitalista defendido por su gobierno. Esta situación tan funesta para la clase media, no atañe al nuevo secretario de defensa de la administración Obama, el sionista Robert Gates, que a pesar de su nefasta actuación durante el gobierno del republicano Bush, ha sido reelegido de nuevo para el cargo, manteniendo así la línea política de mendicidad intelectual y deshonestidad partidista seguida hasta ahora por los burócratas americanos.

El discurso político de Barack Obama representa una forma desgastada y desacreditada de hacer política, en lo que respecta a las cuestiones internacionales. El gran desafío lanzado desde la administración Obama a la comunidad internacional, tras el nombramiento del sionista Dennis Ross como nuevo asesor político de los asuntos de la Casa Blanca para la región de Oriente Medio; demuestra la continuidad del patrón político pro-Israel de la era Bush, la cual será recordada de la manera más ignominiosa, por su famoso plan de seguridad internacional basado en las guerras preventivas de corte castrense y con cierto tufillo a colonialismo pro-semita. El judío Dennis Ross es un firme defensor de la política ultra-militarista empleada por el gobierno israelí en contra de la población civil palestina, además de apoyar públicamente la intervención armada de los EEUU e Israel contra el régimen iraní de los Ayatolás. La arbitraria designación de Ross como asesor en la Casa Blanca, es una clara garantía político-mediática para el ente sionista internacional. Gracias a su nombramiento, la política belicista practicada por los anteriores gobiernos de los EEUU en la región de Oriente Medio, seguirá supeditada con la nueva administración Obama, a los intereses geopolíticos del estado sionista de Israel. Al igual que su antecesor en el cargo (*George Bush*), Barack Obama se ha mantenido fiel a la tradicional forma que tienen los burócratas estadounidenses de entender la política internacional, la cual no es otra que la de basar sus decisiones según señale la veleta demoscópica impulsada por el céfiro semita. Las injerencias de la nueva administración norteamericana en los asuntos de jurisdicción territorial que competen exclusivamente a las autoridades políticas de la Unión Europea, son una clara muestra de que la actual diplomacia del "talante" y del "consenso" tan magnificada por la administración "colorista" de Obama, se resiste a abandonar los viejos tics imperialistas y neo-colonizadores que el ente sionista a implantado durante décadas, en la mentalidad de los arcaicos burócratas del Senado estadounidense.

La posible entrada forzada de Turquía como miembro de pleno derecho en la Unión Europea, representa en la práctica la vulneración territorial, cultural y racial de la idiosincrasia del continente europeo. El elemento sionista, el cual pretende saquear, expoliar y extorsionar impunemente a las naciones que componen la Unión, a través de la conquista política de sus organismos burocráticos; se aprovecha del imperialismo económico estadounidense y de su dominio monopolístico de las grandes áreas estratégicas que permiten el paso de importantes recursos carenciales (*petróleo, gas, uranio,...*), para exigir el ingreso Turquía. El mensaje de autocensura oficial promovido por la administración estadounidense en el concierto internacional con respecto al genocidio armenio ocurrido en territorio turco, obedece simplemente, a los intereses expansionistas que tiene el elemento judío en el continente europeo. A través del ingreso de Turquía en la Unión Europea, pretende llevar a cabo esa anomalía cultural e institucional llamada Alianza de Civilizaciones; la cual, como es obvio, estaría presidida y dirigida por el elemento semita, bajo la atenta protección militar de los EEUU.

Con la elección de Obama como nuevo gerifalte de la Casa "*Blanca*", el pueblo indoeuropeo se encuentra ante un nuevo desafío histórico. A raíz del abierto intervencionismo político-cultural mostrado por la administración Obama respecto a la entrada de Turquía en la UE, a las naciones europeas no les convendría olvidar que la parasitaria sociedad teocrática turca y su economía medieval (*la cual descansa sobre los cimientos de la explotación opresiva de sus ciudadanos*), nunca podrá ser equiparada a la excepcional herencia cultural del viejo continente y a su sistema económico del bienestar. Este sistema de bienestar debemos agradecérselo al esfuerzo realizado por nuestros antepasados, por mejorar las condiciones de vida de las generaciones futuras. De ahí la importancia de la negativa a la imposición de la nueva administración estadounidense, del ingreso de Turquía como nuevo miembro de la UE.

La presidencia del supremacista negro Barack Obama, no representa cambio alguno en lo referente a la actitud política (*nacional e Internacional*), seguida hasta ahora por el gobierno de Washington. Lejos de la propaganda oficial vendida al mundo occidental como verdad única y universal por los pravda progresistas (*algo por lo que se ve muy "cool" últimamente entre el ambiente frecuentado por los politicastros de Europa*), la retórica grandilocuente del ascético Obama se asemeja peligrosamente a los discursos populistas de los reyezuelos de las seudo-democracias bananeras de latinoamericana. Su ambición política desmesurada representa los atributos personales de los estamentos fundamentalistas, xenófobos y mesiánicos de la élite neoconservadora del sionismo internacional. Hablar del verdadero rostro político de Obama es exponerse a ser calumniado y perseguido por los poderes fácticos internacionales. Obama es un gran manipulador, al igual que sus aliados de la AIPAC, y como tal, proclama de forma encubierta una política racista que discrimina abiertamente a la población blanca, bajo el falso pretexto de la discriminación positiva que tanto beneficia a los parásitos de las minorías raciales.

Las pretensiones demagógicas de Obama y de los sionistas norteamericanos son las mismas, ambos anteponen los intereses del estado de Israel a la voluntad del pueblo norteamericano, con el fin de lograr el advenimiento del Nuevo Orden Internacional dirigido por la élite racial. La avaricia y la rapacidad de las organizaciones sionistas no conoce límite alguno y hasta que no logren su objetivo, la maquinaria bélica de los Estados Unidos de Sion seguirá presionando, a través del intervencionismo militar, para preservar la hegemonía política del elemento judío a nivel internacional.

–EL JUDÍO Y LA MASONERÍA: "UN SECRETO A VOCES"

"El Santísimo habló así a los israelitas: vosotros me habéis reconocido como el único dominador del mundo y, por eso, yo os haré los únicos dominadores del mundo"
(Chaniga fol. 3 a y 3 b).

La principal problemática al evaluar la relación existente entre la masonería y el elemento judío, reside en el oscurantismo histórico que rodea a la cúpula dirigente de los poderes fácticos de la masonería internacional. ¿Podemos afirmar pues, qué la masonería fue y es un instrumento desestabilizador en manos del elemento judío, en su complot teológico-racial contra de Occidente? ¿Es quizás descabellada esta teoría? Sin lugar a error, podemos afirmar que desde su origen, la masonería estuvo estrechamente ligada al elemento judío. Al hablar de la íntima relación que mantiene el judío internacional y la cúpula dirigente de las logias masónicas, nos encontramos con una especie de axioma establecido por la mass media oficial, mediante el cual se adjetiva a todo intento de desenmarañar el intrincado camino que conduce hacia la cúpula dirigente de la masonería, como acciones antisemitas de carácter xenófobo. Al investigar el origen hebreo de las logias masónicas, uno se suele topar con ciertos "mitos" revestidos con el halo de verdad oficial, que impiden acceder, lamentablemente, a los secretos de esta organización clandestina.

En el funcionamiento interno de las logias masónicas, la experiencia mística de la tradición judía ha revestido los rituales y símbolos masónicos con elementos Cabalísticos. Al analizar los dogmas que constituyen el ideario masónico, podemos constatar como la Kábala judía y en particular el libro de Zohar (*Libro del Esplendor*), cumplen un papel clave dentro de la espiritualidad que recubre a las logias.

"Los que quieran tomarse el trabajo de examinar cuidadosamente las cuestiones de las relaciones entre el judaísmo y la francmasonería filosófica, la teosofía y los misterios en general, perderán un poco de su soberbio desdén por la Kábala. Cesarán de sonreír despectivamente ante la idea de que la teología Cabalística pueda tener una misión que cumplir en la transformación religiosa del porvenir"
(Rabino Benamozegh, Israel y la humanidad. París, 1914)

La Kábala es una de las principales místicas del pueblo judío y mediante sus enigmas, se busca poner al descubierto los secretos de la creación (*según la doctrina teológica del judaísmo*) y de la naturaleza. Por su relación con las letras del alfabeto hebreo y de los diez números, podría denominarse a la Kábala como el algebra de la fe para el pensamiento judío. A modo de explicación vale la pena reseñar, que el método Cabalístico se compone de treinta y dos medios o instrumentos de conocimiento, que se denominan las treinta y dos vías, representadas a su vez por los diez primeros números, llamados sefiros y las veintidós letras del alfabeto hebreo. También consta de cincuenta sujetos a los que se les puede aplicar la ciencia, constituyendo una clasificación de los seres en cinco series de diez y que se les denomina las *cincuenta puertas*, las cuales abarcan todos los conocimientos posibles.

Respecto al tema de la Kábala me gustaría citar la opinión, claramente xenófoba, del eminente abogado y asesor espiritual de origen judío: Yehuda Ribco; para que así sirva como ejemplo del oscurantismo semita que rodea a todo este tipo de prácticas:

"La Kábala es una parte de la estructura de la Torá (en su sentido más amplio), y esta es patrimonio eterno de la nación judía por decisión de Dios. Los gentiles tienen permiso a recorrer ciertas secciones limitadas de la Torá, más no toda, ni todos los niveles interpretativos de la misma.

Otro motivo, como veremos un poco más abajo, a la finalidad del estudio de Torá es para adecuar mejor el cumplimiento de los preceptos. Los 613 preceptos son de cumplimiento exclusivo para los hijos de Israel, y no lo son para los gentiles. Por lo cual, el gentil que incurriera en infringir la potestad de Israel estudiando la Torá, seguramente querría infringir también en el aspecto del cumplimiento de los preceptos.

El gentil tiene 7 mandamientos, y 66 derivados, que le pueden ser explicados por maestros idóneos de Torá, y ejemplificados con las secciones que tienen permitidas para su estudio dentro de la Torá. Ahondar en lo que no les corresponde, es como querer bucear a 5000 metros de profundidad equipados solamente con un pantaloncito de baño... ¿es ese el equipamiento imprescindible? ¿Se perjudicará o beneficiará el que así intentare?"
(Ser Judío / profesor Yehuda Ribco)

La masonería no es extraña al racismo anti-blanco. El peculiar punto de vista de la moralidad hebraica (*nacida del halo de ambigüedad de los dogmas teológico-históricos semitas*), con su característico "excepcionalismo" judío (*carente de todo sentido de culpa)*; recubre los principales dogmas estamentales que rigen la organización político-social de las logias masónicas. El ejercicio de la discriminación hacia el catolicismo, cristianismo y sobre todo hacia el pueblo indoeuropeo, pasa a convertirse en un principio inmutable e inviolable para todo buen masón que quiera exhibir su fidelidad al ideario sionista. La masonería es un claro exponente del pensamiento extremista del movimiento teológico- racial judío y del ambiente político de las organizaciones izquierdistas en general. El elemento semita se sirve del carácter paranoico, ocultista y beligerante implícito en este tipo de organizaciones clandestinas, para llevar a cabo sus delirios mesiánico-colonialistas; convenciendo a sus parroquianos masones de origen gentil, de la excepcionalidad de todo lo que rodea a la historia del pueblo judío. Gracias a su ominosa influencia, utiliza a sus subalternos gentiles de las logias, para minar desde dentro, los principios y derechos básicos de la sociedad cristiana de Occidente.

La masonería está profundamente ligada al judaísmo y a la evolución histórica de las normas que rigen a la sociedad hebrea desde el principio de los tiempos. El masón actual rinde culto en las logias al gran arquitecto del universo, analogía que puede ser extrapolada hacia la figura del constructor del Templo de Salomón (*la leyenda de Hiram, la cual constituye el alma de la franco-masonería desde el siglo XVIII).*

- ## La leyenda de Hiram (Gran Maestre masónico Robert Ambelain)

"Salomón, hijo de David, recibe de Dios la misión de construir el templo siguiendo las instrucciones del profeta Natán, al que el Señor ha dado en sueños las indicaciones necesarias. Hiram, rey de Tiro, amigo de su padre, le aporta ayuda en materiales y, sobre todo, en obreros. Le envía por ejemplo a Hiram el Fundidor. Un día, este último se dispone a efectuar el vaciado del mar de fundición de bronce para el Templo en presencia de Salomón y de Balkis, reina de Saba, a la que Salomón quiere seducir, a fin de casarse con ella. El pueblo de Israel asistirá al vaciado.

Benoni, ayudante y fiel discípulo del maestro de obras, ha sorprendido a la caída de la noche a tres obreros, Fanor el sirio, albañil, Anru el fenicio, carpintero, y Metusael el judío, minero, saboteando el molde del futuro mar de bronce. Benoni advierte a Salomón de la traición de los tres cómplices, pero el rey, celoso de la admiración que Balkis siente ya por Hiram el Fundidor, deja que prosigan los preparativos. Al ponerse el sol, Hiram da la orden de proceder al vaciado. Y el gigantesco molde en que debe fundirse el mar de bronce y que ha sido manipulado se agrieta. El metal en fusión surge bruscamente y salpica a la horrorizada multitud. Benoni, desesperado por no haber advertido personalmente a Hiram, se arroja entre la ardiente lava.

Poco después, solo, abandonado de todos, Hiram sueña ante su obra destruida. De pronto, de la fundición que brilla enrojecida en las tinieblas de la noche se alza una sombra luminosa. El fantasma avanza hacia Hiram, que lo contempla con estupor. Su busto gigantesco está revestido por una dalmática sin mangas; aros de hierro adornan sus brazos desnudos; su cabeza bronceada, enmarcada por una barba cuadrada, trenzada y rizada en varias filas, va cubierta por una mitra de corladura (plata dorada); sostiene en la mano un martillo de herrero. Sus ojos, grandes y brillantes, se posan con dulzura en

Hiram y, con una voz que parece arrancada a las entrañas del bronce,
le dice:

—*Reanima tu alma, levántate, hijo mío. Ven, sígueme. He visto los*
males que abruman a mi raza y me he compadecido de ella...

—*Espíritu,* *¿quién* *eres?*

—*La sombra de todos tus padres, el antepasado de aquellos que*
trabajan y que sufren. ¡Ven! Cuando mi mano se deslice sobre tu
frente, respirarás en la llama. No temas nada. Nunca te has mostrado
débil...

—*¿Dónde estoy? ¿Cuál es tu nombre? ¿A dónde me llevas? -pregunta*
Hiram.

—*Al centro de la Tierra, en el alma del mundo habitado. Allí se alza el*
palacio subterráneo de Enoc, nuestro padre, al que Egipto llama
Hermes y que Arabia honra con el nombre de Edris...

—*¡Potencias inmortales! -exclama Hiram-. ¿Entonces es verdad? ¿Tú*
eres...?

—*Tu antepasado, hombre, artista..., tu amo y tu patrono. Yo fui Tubal*
Caín.

 Llevándole como en un sueño a las profundidades de la Tierra, Tubal
Caín instruye a Hiram en lo esencial de la tradición de los cainitas, los
herreros, dueños del fuego. En el seno de la Tierra, Tubal Caín
muestra a Hiram la larga serie de sus padres: Enoc, que enseñó a los
hombres a construir edificios, a unirse en sociedad, a tallar la piedra;
Hirad, que supo antaño aprisionar las fuentes y conducir las aguas
fecundas; Maviel, que enseñó el arte de trabajar el cedro y todas las
maderas; Matusael, que imaginó los caracteres de la escritura; Jabel,
que levantó la primera tienda y enseñó a los hombres a coser la piel de
los camellos; Juabl, el primero en tender las cuerdas del cinnor y del
arpa, extrayendo de ellos sones armoniosos... Y por último, el propio

Tubal caín, que enseñó a los hombres las artes de la paz y de la guerra, la ciencia de reducir los metales, de martillear el bronce, de encender las forjas y soplar los hornillos.

Y transmitió a Hiram la tradición luciferina. Al comienzo de los tiempos, dos dioses se reparten el universo. Uno, Adonai, es el amo de la Materia y del elemento Tierra, el otro, Iblis, es el amo del Espíritu y del elemento Fuego. Adonai crea al Primer Hombre del barro que le está sometido y lo anima. Movido a compasión por el bruto e incomprensivo que Adonai quiere convertir en su esclavo y su juguete, Iblis y los Elohim (los dioses secundarios) despiertan su espíritu, le dan la inteligencia y la comprensión. Mientras Lilith, la hermana de Iblis, se convertía en la amante oculta de Adán, el Primer Hombre, y le enseñaba el arte del pensamiento, Iblis seducía a Eva, surgida del Primer Hombre, la fecundaba y, junto con el germen de Caín, deslizaba en su seno una chispa divina. En efecto, según las tradiciones talmúdicas, Caín nació de los amores de Eva e Iblis o Samael (veneno supremo). Abel nacerá de la unión de Eva y Adán.

Más tarde, Adán no sentirá más que desprecio y odio por Caín, que no es su verdadero hijo. Aclinia, hermana de Caín, que la ama, será entregada como esposa a Abel. Y a pesar de ello, Caín dedica su inteligencia inventiva, que le viene de los Elohim, a mejorar las condiciones de vida de su familia, expulsada del Edén y errante por la tierra. Pero un día, cansado de ver la ingratitud y la injusticia responder a sus esfuerzos, se rebelará y matará a su hermano Abel.

Para justificarse, Caín responde personalmente a Hiram. Insiste sobre lo doloroso de su suerte. Sólo él trabajaba la tierra, arando, sembrando, recolectando, efectuando todas las labores penosas, mientras que Abel, cómodamente echado bajo los árboles, vigilaba sin esfuerzo los rebaños. Cuando les tocaba ofrecer los sacrificios prescritos a Adonai, amo exterior de la esfera terrestre, Caín elegía una ofrenda incruenta: frutos, haces de trigo. Abel, por el contrario, ofrecía en holocausto a los primogénitos de sus rebaños. Y, presagio funesto, el humo del sacrificio de Abel subía recto y orgulloso en el espacio, mientras que el del fuego de Caín caía hacia el suelo, mostrando el rechazo de Adonai. Caín explica entonces a Hiram que, en el curso de las edades, los hijos nacidos de él, hijos de los Elohim, trabajarán sin cesar por mejorar la suerte de los hombres, y que Adonai, lleno de celos, tras intentar aniquilar a la raza humana mediante el Diluvio, verá fracasar su plan gracias a Noé, advertido en sueños por los Hijos del Fuego sobre la inminente catástrofe. Al devolver a Hiram a los límites del mundo tangible, Tubal Caín le revela que Balkis pertenece también al linaje de Caín y que es la esposa que le está destinada desde toda la eternidad. Después, antes de la partida de la reina de Saba, Hiram y Balkis se unirán en secreto, a pesar de la celosa vigilancia de salomón. Hiram, descendiente de las Inteligencias del Fuego, y Balkis, descendiente de las Inteligencias del Aire, no podrán sin embargo permanecer unidos. Hiram será asesinado por tres Compañeros, deseosos de conocer indebidamente la contraseña de los Maestros, con objeto de percibir el mismo salario que ellos. El crimen tendrá lugar dentro del Templo de Jerusalén en construcción, desierto en ese momento. Y Balkis, al regresar al país de Saba, sin haber sido nunca la esposa de Salomón, se cruzará, sin verlos, con los tres asesinos, que se llevan el cadáver de Hiram para enterrarlo en secreto. Sólo se estremecerá en su seno el niño que va a nacer de sus amores fugitivos con el Maestro Obrero, ese niño que será más adelante el primero de los hijos de la viuda."

En la leyenda de Hiram convergen las tradiciones masónicas egipcias, helenísticas y caldeas, estas últimas basadas en las enseñanzas de Zoroastro. Bajo el ideario surgido de esta unión, los místicos hebreos pretendían vincular toda la cosmología simbólica masónica con el pueblo de Israel. Gracias a ello, con el paso de los siglos, las tradiciones derivados de las experiencias místicas hebreas se han conservado dentro de las logias. Esto asegura al elemento judío la elección de los maestros instalados en la cúpula dirigente de la masonería. La iniciación selectiva de sus miembros, a través de una enseñanza esotérica interna repartida en grados, da fe del carácter burgués y clasista implícito en este tipo de sociedades.

Con el devenir histórico, los elementos ceremoniales masónicos han sido readaptados, de acuerdo al uso y las costumbres de las naciones de acogida y de la época vivida. A pesar de la cierta desfiguración simbólica del rito ceremonial judeo-masónico, se puede establecer una auténtica verdad oficial respecto a la relación existente entre el judío y la masonería, y no es otra que: la preponderancia de los elementos talmúdicos dentro de la parafernalia oficial de la francomasonería. El simbolismo del Templo equivale al cosmos, que se divide a su vez en tres: cielo, mar y tierra; los cuatro elementos son representados bajo la forma de las telas y ornamentos; el candelabro hebreo de siete brazos equivale a los siete planetas o también al poder del fuego regenerador del Kundalini; mientras que las doce columnas interiores (*las doce tribus del pueblo de Israel*) representan a los doce signos zodiacales. No hay que olvidar que la tradición atribuye al judío Hiram Abiff, la fundación de la primera logia masónica y de todo su conocimiento exotérico. El judío pretende edificar (*metafóricamente*) bajo su mandato un nuevo, aunque etéreo, Templo de Salomón transnacional, desde el que poder canalizar su capcioso mensaje a sus subalternos gentiles de las logias. La literatura masónica contiene numerosos elementos hebraicos, lo cual aporta a sus dogmas un ferviente carácter anti-cristiano y anti-occidental. Los misterios Talmúdicos han sido adaptados por la élite racial, para aportar a la doctrina masónica moderna sus tres preceptos fundamentales: la estructura jerárquica, el calendario y los símbolos rituales hebreos.

Al estudiar los orígenes de la masonería, podemos observar como la imprenta judía aparece en la creación de las primeras logias masónicas a nivel Europeo y Americano. El Primer Consejo Supremo de los Hermanos Masones fue presidido por los judíos Isaac Long y Moisés Cohen en Charleston, en 1801.En 1776, el judeo-alemán Adam Weishaupt fundó la tristemente célebre logia de los Illuminati (*gracias a la generosa financiación de la familia Rothschlid*), con el fin de establecer un Nuevo Orden Mundial que acabara con la influencia del catolicismo romano en la Europa Occidental, a través de:

- La abolición de la monarquía y de todo gobierno de carácter nacionalista en Europa.
- La abolición de la propiedad privada (*muy similar al sistema soviético que se terminaría instaurando más tarde en gran parte del mundo*)
- La destrucción del sentimiento familiar a través de la intromisión de la administración estatal en la educación moral y doctrinal de la juventud.
- La abolición de la libertad de culto (*en especial del cristiano*), con el fin de implantar en la sociedad los dogmas doctrinales del materialismo económico defendido por los Amos del Pensamiento.

En Inglaterra, el judío Elías Ashmole (*masón de la logia de*

Lacanshire) es uno de los primeros franco-masones reconocidos del continente. Ashomele (*hermano de la Rosa Cruz*) fue uno de los padres fundadores de los primeros ritos de iniciación de las logias modernas, adaptando la simbología egipcia y los libros herméticos a la parafernalia masónica. La logia de los hermanos de la Rosa Cruz (*dirigida curiosamente por los llamados "eruditos de Europa"*) tuvo su origen en Alemania. La actitud internacionalista, revolucionaria y desestabilizadora de la que hacían gala los miembros de la logia de la Rosa Cruz, serviría de inspiración poco después para los filósofos judíos socialistas, a la hora de establecer los dogmas fundamentales que marcarían el carácter de la doctrina comunista. El nexo de unión entre los miembros de la Rosa Cruz y el pueblo judío es más que evidente. Ambos debían y deben obedecer al Gran Emperador de la Orden a nivel mundial.

Para los masones, el mundo es solo una vasta república en la cual se ha de eliminar el sentimiento nacionalista, a través del adoctrinamiento o de del exterminio, implícito en el carácter de los individuos que conforman las diferentes naciones repartidas a lo largo del globo. Este sentimiento impide el avance del sectarismo internacionalista defendido por los Hijos de David. Desde la revolución francesa, la influencia judía dentro de las logias se ha visto acrecentada con el paso del tiempo: El Gran Oriente de Francia, la logia Propaganda Due, la Wicca, la Arbeiter Ring, la Amaranht, la logia de los Altos Cedros del Líbano, La Estrella del Danubio, la orden de los Hijos libre de Judá, El Taller sublime de Cádiz, la logia de Licio Gelli, la logia de Isis y Osiris en México, las Hijas de Job, la logia del Sol naciente en el continente asiático,... Todas ellas están supeditadas a los intereses económicos y políticos de los poderes fácticos del sionismo internacional.

La información superficial dada por la mass media oficial cuando se trata el tema de la masonería, sirve para ocultar el hecho de que el judío y la masonería se complementan en su totalidad. El Gran Oriente de la masonería está representado bajo la forma del poder omnipotente del pueblo de Israel, que hábilmente utiliza a sus subalternos masones para llevar a cabo su plan para la desarticulación política y moral de Occidente. La doctrina masónica ha sido varias veces replanteada según las necesidades políticas del sionismo.

Un claro ejemplo de la versatilidad del judaísmo masónico, es el hecho de que detrás de todas las iniciativas políticas de envergadura de los EEUU, se encuentre la mano de la orden B´nai B´rith. La logia B´nai B´rith es una organización masónica supremacista y xenófoba, ya que solo admite en sus filas a ciudadanos judíos de procedencia racial ashkenazim, discriminando racialmente a los "judíos" que no lo son, en un alarde de ironía seudo-multiculturalista. La organización masónica B´nai B´rith es la punta de lanza del movimiento sionista internacional. En su cúpula dirigente se encuentra aglutinada la élite oligárquica mundial, lo cual le permite influir en las decisiones políticas del gobierno de Washington, ya que la mayoría de los dirigentes de étnia judía de la Casa Blanca simpatizan o militan en dicha organización. La influencia judeo-masónica es tan patente en la sociedad norteamericana, que bajo la órbita de la logia masónica del B´nai B´rith, se encuentran amparados diversos organismos públicos de los EEUU: La liga anti-difamación, el Comité judío americano, el Congreso mundial judío, el poderoso lobby sionista AIPAC,... Los lemas enarbolados por la masonería internacional a los largo de la historia (*igualdad, libertad y fraternidad*), vienen a demostrar que el discurso político del dirigente Obama está notablemente influenciado por la doctrina masónica de la organización B´nai B´rith. El sistema político-financiero de la actual administración Obama y de la mayoría de los gobiernos Occidentales, coincide peligrosamente con las tesis del judeo-masón alemán Adán Weishaupt (*miembro de los Iluminati de Baviera*), el cual pretendía derribar fronteras, religiones, gobiernos, instituciones civiles,…; con el fin de establecer un sistema económico único (*Dólar- Euro*) en el denominado Nuevo Orden Mundial.

La ética moral judeo-masónica ve en la libertad de expresión su principal enemigo, por ello intentan difamar a todo aquel que critique su hegemonía política. La élite plutócrata de la masonería posee multitud de logias repartidas a lo largo del globo, dispuestas a eliminar de la vida pública a todas aquellas personas abiertamente honestas e inteligentes, que puedan revelarse en contra de los designios conspirativos del pueblo judío. La actual tiranía especulativa en los mercados financieros no representa nada nuevo en el plano internacional, ya que simplemente obedece al resurgimiento de las viejas ideas y conceptos de la tradición y cultura judeo-masónica. El denominador común de las diferentes logias masónicas que operan en los EEUU y en el mundo Occidental, es el de preparar el camino para la implantación de un sistema totalitario con un solo criterio universal: colaborar con el elemento judío para la llegada del Apocalipsis que traerá consigo la destrucción de la sociedad Occidental y del pueblo indoeuropeo.

LA CUESTION ECONÓMICA

—NUEVO MODELO SOCIAL: CRITICA DEL SISTEMA CAPITALISTA DE LAS ELITES FINANCIERAS

"La obligación colectiva de todas las organizaciones sionistas de los diferentes países es la de ayudar al Estado judío en toda circunstancia y de modo incondicional, incluso si esta actitud está en contradicción con las autoridades de sus naciones respectivas". (7)
(David Ben Gurión).

Quienes crean que la actual crisis financiera que estamos padeciendo es fruto de la mala praxis de un grupo reducido de empresarios, se equivocan. En realidad se trata de una maniobra táctica del movimiento neocolonialista hebreo. El judío se aprovecha, hábilmente, de las consecuencias derivadas del crac financiero de los mercados internacionales, para debilitar estructuralmente a las economías de corte occidental, que siendo capaces de "auto gestionarse" en el plano comercial, se habían conseguido zafar de la tutela político-económica de los poderes fácticos financieros del mundo anglosajón. En la práctica, esto suponía un problema para el monopolio transnacional judío, el cual controla el manejo, distribución y precio de los productos básicos más elementales, con el propósito de poder influir en la política exterior de las naciones, redirigiéndola hacia un punto de vista más favorable a los intereses geoestratégicos del estado de Israel.

Al evaluar el "mito" de la relación judía y los poderes fácticos financieros, se puede observar como el sistema de mercado especulativo capitalista obedece a los mismos principios por los que se rigen los intereses geoestratégicos del ente sionista. En los lugares donde la influencia judía es el elemento predominante de las relaciones económicas, el capitalismo se ha enquistado dentro de la organización político-social a través de dolosas reformas estructurales del sistema financiero, avaladas por los organismos de control. La consolidación hegemónica del sistema capitalista pasa por el manejo y control, por parte de las grandes corporaciones transnacionales, de los aspectos económicos más fundamentales. Esta nueva forma de organización económico-social, conlleva un proceso de "uniformación" de la cultura mercantil, destinado a unificar los criterios internacionales de mercado en pro del "confort" de la llamada vida moderna, eufemismo utilizado por la oligarquía financiera para disfrazar así la pérdida de la autonomía consumidora por parte de los ciudadanos.

En el sistema capitalista, el Banco Mundial representa un poderoso instrumento en manos de la oligarquía financiera judía, para manipular la política fiscal y monetaria de los estados de corte Occidental. La importancia del dinero en el sistema de mercado capitalista es más que evidente, aunque uno sea un profano en la materia. El valor relativo de la moneda como eje central de las relaciones comerciales, al ser considerada como una mercancía especulativa, depende de los tipos de interés (*fijados desde los organismos de control: Banco*

Mundial) y de la oferta y la demanda relativa en el mercado, para poder conservar su valor general. El valor connatural del dinero crece o disminuye según el rumbo de las políticas de las entidades bancarias transnacionales y de la liquidez de los estados y de sus habitantes. La cantidad de dinero existente en la llamada oferta monetaria del sistema capitalista, está conformada por el efectivo disponible en manos de los ciudadanos, las reservas estatales y los depósitos bancarios. Las monedas y billetes puestos en circulación, tienen un valor intrínseco muy inferior a su valor facial, por ello su único respaldo en la economía real de mercado, es el que le otorga la ley mercantil impuesta por la élite financiera dirigente. Esto revela como el supuesto modelo de bienestar capitalista, basado en el acopio monetario, no es más que un fraude a escala mundial que únicamente beneficia a la oligarquía financiera judía.

El Banco Mundial representa el "súmmum maximus" como autoridad político-económica del sistema de organización capitalista, haciendo suyo los intereses y principios geopolíticos de la élite racial y del estado de Israel, a través de la Reserva Federal de los EEUU y del Banco Central Europeo. Por mediación de los bancos centrales, los Hijos de David presentes en la cúpula directiva del Banco Mundial, diseñan las estrategias a seguir en lo referente a la política económica global. Las grandes entidades bancarias transnacionales (*responsables del control de los precios*), son los causantes del actual proceso recesivo que azota a las economías Occidentales. La imprevisión o digámoslo de otra manera, la falta de control de la actividad bancaria, propició la llamada crisis de las hipotecas "subprime" (*concedidas a clientes de alto riesgo de morosidad*) y la crisis del mercado del "carry trade" (*inversiones hechas en divisas extranjeras con intereses mucho más bajos que el crédito de los* *activos del país en el que se va a realizar la transacci*ón) en el mundo anglosajón, gracias a la "permisividad" política de sus gobiernos frente al ansia expansiva y monopolística de unos pocos. La podredumbre moral intrínseca en el sistema de inversión capitalista, hace que afloren continuamente escandalosos casos de corrupción empresarial. Los dirigentes y accionistas de las grandes entidades bancarias, se aprovechan de la desregularización financiera existente para camuflar sus prácticas comerciales, las cuales pueden definirse cuanto menos como: inmorales y antisociales.

Los "fondos de inversión" (*tanto estatales como particulares*), son el corazón del sistema especulativo que nutre a las entidades financieras transnacionales. La oligarquía financiera se nutre de los ahorros de la clase trabajadora a través del control de los depósitos en los sistemas bancarios, los cuales, debido a su organización de mando piramidal, permiten la posibilidad de especular con el capital depositado, sin que el depositante tenga conocimiento real o derecho alguno sobre los beneficios obtenidos tras la utilización deshonesta de sus ahorros. Este modelo económico basado en la explotación y saqueo del capital privado de la clase trabajadora, beneficia a los intermediarios económicos internacionales, los cuales, a través de la imposición de los sistemas arancelarios transaccionales, favorecen o perjudican cualquier tipo de movimiento virtual del capital entre las diferentes entidades.

La actuación irresponsable de la oligarquía financiera, con respecto al sistema crediticio y mercantil, acarrea costes imposibles de asumir para el ciudadano medio, que ve como en un reducido espacio de tiempo los precios aumentan, mientras que los salarios se estancan e incluso retroceden, en pro de la ganancia abusiva del patrono capitalista. Las grandes corporaciones financieras transnacionales se benefician de las situaciones recesivas, reduciendo los costes sociales y laborales en el mundo "blanco", generando así una fuerte desprotección social y económica de la clase trabajadora, para fomentar la inestabilidad política y los procesos revolucionarios.

La concentración del capital en manos de un grupo reducido de accionistas transnacionales, ha generado un monopolio especulativo en el mercado de valores, que ha dado como resultado la aparición de periodos recesivos, controlados por la élite financiera; que perpetúan en el tiempo el estancamiento de las economías emergentes, aumentando así su deuda externa para que de este modo, los beneficios obtenidos gracias a los intereses generados por el gravamen de la deuda, no se vean reducidos. Al evaluar el tema del endeudamiento estatal en el contexto económico, la crítica al sistema capitalista pierde toda su centralidad en el debate teórico con los seudo-intelectuales, afines a los dogmas del mercantilismo sionista; los cuales tratan de ocultar la realidad antropófaga de dicho sistema, desfigurando la voracidad especulativa sin límites presente en los mercados, la cual termina por engullir, en su vórtice deficitario, a toda aquella nación que se preste a seguir las consignas de la élite financiera, llevando a la práctica el "antiguo arte" del seppuku mercantil.

Las soluciones puestas en práctica por el Banco Mundial y el Fondo Monetario Internacional para paliar esta situación deficitaria, no pasan de ser meros parches que actúan bajo unas condiciones de acción muy limitadas, debido a que lo que está en juego no es el bienestar de la población civil, sino los intereses de la oligarquía dominante. La existencia del endeudamiento estatal es un fenómeno político-estratégico desencadenado, irresponsablemente, con el objetivo de desestabilizar, política y socialmente al mundo civilizado, para de esta manera unificarlo bajo la supervisión de un único ojo semita que controla el sistema especulativo capitalista, dando lugar así aun circulo vicioso que se eterniza en el tiempo. El conjunto de consecuencias económicas y sociales aparejadas al aumento del endeudamiento estatal, deteriora el bienestar social de los trabajadores, agravando la segmentación social, a través de leyes autoritarias que fomentan la aplicación indiscriminada del conglomerado político-dogmático que nutre al sistema capitalista:

- Recortes de los gastos sociales (*salarios, sanidad, educación,...*), privatizando las funciones estatales, para de esta manera poder aumentar los beneficios de las grandes corporaciones transnacionales.
- Fomentar el cierre de numerosas empresas locales en favor del multi-industrialismo transnacional.
- Reducción del número de trabajadores en las plantillas de las empresas locales y contratación de mano de obra extranjera menos cualificada pero más "barata".
- Explotación indiscriminada de los recursos naturales para su comercialización.

El endeudamiento estatal generado por las injusticias organizativas del sistema de mercado, es la manifestación más dramática, dentro de la estructura política, económica y social; del nuevo orden mercantil transnacional. Las arbitrariedades del sistema económico capitalista alcanzan su punto más álgido al evaluar las altas cotas de crecimiento macroeconómico de las grandes corporaciones transnacionales, demostrando como estas cotas beneficiarias (*basadas en el crecimiento económico* continuo), no van aparejadas al aumento del bienestar económico y social de los ciudadanos a los que emplean. La situación de completa indefensión en la que se encuentra la gran mayoría de la población mundial, ante los desmanes dictatoriales de la oligarquía, es más que evidente.

El sistema organizativo capitalista ha demostrado su incapacidad a la hora de asentar sus axiomas y principios fundamentales, bajo un nuevo modelo de organización social más sostenible e igualitario. Los patrones culturales y tecnológicos asociados a la experiencia de la sociedad capitalista, demuestran como este sistema de organización económico-social conduce inexorablemente a la humanidad, hacia una crisis de: sostenibilidad ecológica y social a escala mundial. La nueva burguesía que conforma la élite racial y económica del sistema capitalista, ha configurado bajo su poder una nueva forma de dominio que deforma los antiguos pilares que han sostenido durante siglos la convivencia en Occidente, en pro del fortalecimiento de *"SU TAREA PRINCIPAL"*.

El sistema económico capitalista y la democracia indoeuropea, son dos realidades incompatibles dentro de un mismo marco beneficiario. El concepto de igualdad y de libertad individual de los trabajadores y consumidores en un régimen democrático, inspirado en el ideal indoeuropeo, choca frontalmente contra las arbitrariedades sociales de la sociedad capitalista, la cual oprime a la clase trabajadora en beneficio exclusivo de la oligarquía. El dominio monopolístico, por parte del elemento judío, de los medios de producción de las grandes corporaciones transnacionales, obliga a los dirigentes a politicastro que aspiren a acceder al poder de sus respectivas naciones, a posicionarse a favor de la explotación. Los seudo-demócratas occidentales nunca podrán traer la libertad a la clase obrera, ya que con su supeditación extra-gubernamental a los intereses político-económicos hebraicos, solo se conseguirá alcanzar nuevas formas de dominación y opresión que traerán consigo la desgracia para el pueblo blanco.

El régimen dictatorial de las multinacionales económicas impregna con su materialismo la realidad social, limitando las libertades civiles para evitar cualquier tipo de resistencia a la implantación de un nuevo modelo social basado en los dogmas mercantiles del sistema especulativo capitalista. El sistema capitalista fomenta el sentimiento individualista en la sociedad Occidental, alterando la existencia productiva, social y cultural, extendiendo su pragmatismo mercantilista, el cual adquiere su máxima realización convirtiendo la fuerza de trabajo del obrero en una mercancía más con la que comerciar. Debido a ello, gracias a la equiparación del factor fuerza de trabajo con el factor mercancía, el individuo queda relegado a un segundo plano en el ámbito económico y social, pasando a depender directamente de los intereses político-financieros de la elite dirigente de las grandes corporaciones transnacionales.

La política colonialista practicada por el ente político-financiero internacional, utiliza a los ciudadanos de las naciones occidentales como depositarios de unos compromisos económicos y sociales que jamás han asumido, atentando con ello contra la legítima dignidad de las personas, hipotecando su futuro y rebajando su nivel de vida. La demagogia y cinismo de las autoridades estatales de las naciones blancas ante el avance arrollador del sistema de mercado capitalista, favorece las ansias colonialistas del elemento sionista. Los beneficios obtenidos gracias al "blanqueo" del dinero procedente de las transacciones en los mercados capitalistas, sirven para financiar a los lobbys hebreos que operan en los EEUU y en el mundo anglosajón, presionando a los gobiernos de turno con el fin de que adopten una política de mercado favorable a Israel. Esto limita la capacidad de decisión de los organismos, obligándoles a depender de las decisiones tomadas por la elite financiera transnacional.

El excesivo sentimiento materialista condena a la opresión y a la explotación a gran parte de la humanidad. La concentración del poder económico en manos de un grupo reducido de entidades financieras, encabezadas por la élite judía, revela claramente que el sistema capitalista obedece a los intereses geoestratégicos del sionismo internacional. El dominio semita del sector financiero capitalista es una consecuencia directa y real, del auge del totalitarismo político mostrado por los lobbys sionistas. La evolución natural de la sociedad occidental dentro de la dinámica general del capitalismo, depende directamente de los intereses geopolíticos de los Amos del Pensamiento. No hay que olvidar que el capitalismo pertenece al ámbito intelectual de la burguesía judía, por lo tanto, obedece al desfigurado reflejo de los intereses político-económicos derivados del sentimiento mesiánico-colonialista hebreo. El poder político en las sociedades capitalistas, simboliza el lado más perverso del materialismo conceptual, defendido por las grandes corporaciones transnacionales del sistema por diversas razones:

- Naturaleza plutocrática del mercado capitalista, la cual aumenta las desigualdades en el plano social.
- Gobiernos títeres como meras estructuras tecnócratas de la oligarquía capitalista.
- Estructuras internas dentro de los partidos de corte burgués y antidemocrático que cumplen una mera función de marketing empresarial.

- Leyes electorales que no representan el porcentaje de voto real en las elecciones sino los intereses de la elite financiera.
- Explotación laboral como sistema económico admisible, el cual aporta grandes beneficios a las grandes corporaciones transnacionales, gracias a la permisividad de las administraciones estatales.

Dentro del sistema capitalista, las libertades democráticas se ven restringidas día a día. Las leyes emanadas desde el poder legislativo son proyectadas en la sombra, por los intereses de las grandes corporaciones. El oscurantismo político destilado de la dialéctica de los gobiernos democráticos en lo referente a los asuntos económicos, es un claro reflejo de la ley del silencio impuesta por los poderes fácticos financieros. El capitalismo es inmoral y asocial por definición. Sus ansias expansivas solo entienden de beneficios, con lo cual, la sociedad Occidental se dirige, consciente y voluntariamente, hacia un régimen de servidumbre económica perpetua, evaporándose así cualquier posibilidad de librarse de la tutela financiera de la elite racial dirigente. El capital financiero concentrado de forma monopolística en las manos de la élite racial dirigente, sirve para subvencionar la política expansionista del estado de Israel y de sus filiales anglosajonas.

Un análisis serio de la situación internacional nos permite observar como a través de las estructuras económico-productivas de las naciones capitalistas, se fomenta una política belicista, destinada a favorecer las actividades especulativas de la industria del petróleo en los mercados internacionales, liderados por Wall Street. La política intervencionista llevada a cado por los EEUU y sus filiales anglosajones (*Guerra de Irak y Afganistán, la posible intervención militar en Irán,...),* obedece, exclusivamente, a los intereses político-financieros de la minoría oligárquica judía, la cual en su afán por monopolizar los recursos naturales en su propio beneficio, no duda en recurrir a la maquinaria bélica norteamericana, para imponer a sangre y fuego su criterio colonialista. La política estadounidense para Oriente Medio se ve condicionada por los intereses geoestratégicos de los lobbys sionistas. Estos lobbys identifican, de una forma falaz, los intereses mercantiles del estado de Israel con los intereses de los EEUU. La política imperialista de los EEUU no obedece a razones ideológicas, si no a las necesidades financieras de los sionistas de Wall Street, los cuales se ven beneficiados por los conflictos bélicos iniciados por los EEUU, en su propósito de encontrar nuevos mercados donde imponer a la sociedad su dogmatismo mercantilista. La política que apoyan los lobbys sionistas de Wall Street, altera notablemente el funcionamiento de los mercados de valores. Esto repercute directamente en la economía mundial, beneficiando las políticas especulativas de las entidades financieras y la aparición controlada, dentro del marco internacional, de periodos recesivos que debiliten la autonomía monetaria y social occidental.

Este breve análisis sobre la influencia judía en el sistema organizativo de la élite financiera capitalista, es fácilmente comprobable. Dicho sistema está controlado por un pequeño grupo de accionistas, de origen judío, que ocupan los puestos de decisión en las grandes corporaciones transnacionales, actuando como inductores "lobbisticos" dentro del marco político-económico internacional. La supremacía política de judía dentro de los mercados financieros, acarrea consecuencias negativas para el resto de la sociedad. El sistema capitalista es un instrumento privilegiado dentro de la conjura semita por la dominación mundial. Solo rechazando este tipo de sistema organizativo, conseguiremos crear una sociedad más justa e igualitaria, basada en los principios morales de la antigua tradición indoeuropea, en donde las injerencias (*políticas o económicas*) de elementos alógenos a nuestra sociedad, no tengan cabida.

–El Club Bilderberg: Requiem semítico por Occidente

"Ya es una costumbre que cuando el judaísmo político encuentra resistencia a sus planes, clama mundialmente que es víctima de persecuciones "antisemitas". Del conflicto político no habla jamás, y se concreta a presentarse como una víctima de fanatismos raciales o religiosos, con lo cual encubre su propia naturaleza y desprestigia la defensa de sus víctimas" (Salvador Borrego, periodista y escritor)

¿Qué o quién se esconde detrás del exclusivo Club Bilderberg? ¿Existe en realidad o es una exageración más de los "conspiranoicos" internacionales? El Club Bilderberg es una sociedad elitista que actúa en la sombra, política y mediática, sin que prácticamente trascienda detalle alguno sobre su funcionamiento. El grupo Bilderberg está configurado por un conglomerado de entidades industriales y financieras afines al ideario del capitalismo mercantilista, pregonado por los Amos del Pensamiento; y también por un selecto club de conspicuos eremitas de la burocracia transnacional, que ante el declive del poder de los estados nacionales, se han propuesto como objetivo dar forma a un gobierno mundial en la sombra, libre de todo control democrático por parte de los ciudadanos. Con ello influyen, de una manera más práctica, en las decisiones políticas a nivel internacional tomadas por los gobiernos de corte Occidental (*Guerra de Irak, Kosovo, la Guerra de las Malvinas, acuerdos comerciales, venta de armas,...*).

El Club Bilderberg celebra desde su creación una conferencia anual a la que solo se puede asistir mediante invitación. Esta sociedad de cuatreros transnacionales, tomó su nombre del hotel en el cual celebró su primera reunión oficial en 1954: El Hotel Bilderberg, en los Países Bajos. Para ser invitado a las reuniones de este selecto "Club", hay que tener una influencia política y económica relevante dentro de los círculos financieros o políticos nacionales e internacionales, y sobre todo, guardar un absoluto mutismo en todo lo que concierne al Club y a las decisiones tomadas por sus miembros. Los precursores de esta sociedad secreta, de tintes masónicos y de tendencia pro-judía, destinada a decidir el presente y el futuro de los ciudadanos de Europa y del mundo en general; fueron el príncipe Bernhard de Holanda (*personaje estrechamente ligado a los Hijos de David*), el judío Joseph Retinger, el magnate judío Rockefeller y la Banca judía Rothschild.

Para poder apreciar el verdadero objetivo oculto entre el hermetismo castrense impuesto a sus miembros, de las decisiones tomadas por la cúpula dirigente del Club Bilderberg, basta con recordar la procedencia racial de sus fundadores, ya que entre ellos nos encontramos a la enigmática figura del judío Joseph Retinger. Retinger fue hombre influyente en el plano político internacional, al que el propio príncipe Bernhard rindió homenaje tras su muerte, en una clara muestra de sumisión de la nobleza europea a la élite financiera internacional judía. También fue un importante miembro dentro al ámbito de la masonería sueca, y participó activamente en la creación del ideario dogmatico de la tan "magnificada" Paneuropa política.

Al observar el ideario dogmatico que constituye parte de la estructura interna del pensamiento neocolonialista de la mayoría de los invitados a las reuniones del Club Bilderberg, se puede apreciar la clara tendencia filo-marxista y pro-judía que emana del internacionalismo político-mercantilista defendido por sus miembros. El Club Bilderberg reune cada año a lo más selecto dentro del círculo económico-financiero, político, académico, audiovisual,..., de la oligarquía transnacional europea, judía y anglosajona. Cada uno de los asistentes a las reuniones del Club Bilderberg, es cuidadosamente escogido por la cúpula del comité organizador, en virtud de su fidelidad al ideario sionista y sobre todo de la relevancia político-financiera que le avale a nivel internacional.

Las familias Rockefeller y Rotchschild son el núcleo principal que suele presidir todas las reuniones, pero la lista de participantes es de lo más heterogénea: Richard Perlé (administración Bush), Paul Wolfowitz (administración Bush y ex presidente del Banco Mundial)), el ex presidente francés Valery Giscard, Juan Luis Zebrián (Grupo PRISA), Durao Barroso (ex presidente portugués y actual presidente de la Comisión Europea), Miguel Boyer (ex ministro durante la etapa socialista), Rodrigo Rato (ex ministro del gobierno Aznar), Felipe González (ex presidente Español), Jesús de Polanco (fundador del diario el País), Alan Greenspan (ex gobernador de la Reserva Federal de los EEUU y ex director de la Banca Morgan), Pedro Solbes (ex ministro de economía del gobierno de González y Zapatero), Joaquín Almunia (ex secretario general del PSOE), Kofi Annan (ex presidente de la ONU), Alfonso Cortina (REPSOL), Bill Gates (Microsoft), Patricia Botín, George Soros (multimillonario húngaro), el clan Clinton, la familia Bush, Condoleezza Rice, Toni Blair (ex primer ministros ingles), John Kerry (ex candidato Demócrata para la Casa Blanca),...

Ante el inmediato colapso político-financiero que se vislumbra en el horizonte, los "sumos sacerdotes del capitalismo" que presiden las reuniones del Club Bilderberg, decidieron transferir las competencias estatales a instituciones de carácter oligárquico y transnacional, para de este modo facilitar el establecimiento de un único gobierno mundial, dirigido por el elemento judío.

Paso a paso, se está llevando a la práctica esta máxima financiero-colonialista ideada por los poderes fácticos semitas, debido a:

- Las crisis artificiales que desestabilizan a los gobiernos e impiden su completa independencia económica de las grandes financieras transnacionales.

- Una corte internacional de justicia destinada a juzgar a todo aquel que ose contradecir los dictamines de la plutocracia internacional (Nüremberg, el Tribunal de la Haya,…).

- La desnacionalización de los resortes de decisión estatales para facilitar la implantación de una administración supranacional que se encargue de legislar y regular en las naciones políticamente sometidas.

- La destrucción de la influencia cristiana en la sociedad Occidental a través de un laicismo radical fomentado desde la administración estatal e inspirado en los designios cainitas de la elite racial del Club.

- La creación de un mercado de especulación único a nivel global (capitalismo mercantilista) con una sola moneda y regulado por la Banca Internacional.

- Un mayor control por parte del gobierno supranacional de la educación de la juventud con el fin de implantar el pensamiento único del materialismo mercantilista.

- Deslocalización de la industria de las naciones occidentales a regiones tercermundistas que permitan una mayor obtención de beneficios a las grandes corporaciones transnacionales adscritas al Club.
- Aumento del poder de decisión de los organismos internacionales (ONU, OTAN,...) con el fin de crear de facto un altavoz político-mediático que canalice las órdenes recibidas por el gobierno supranacional en la sombra.

La élite racial que compone la cúpula dirigente del Club Bilderberg, controla a los diferentes organismos que influyen en la política financiera, administrativa y bélica de las naciones miembro. Gracias al poder, omnipotente y omnipresente, que le otorga al judío este tipo de organismos supranacionales, el destino del mundo civilizado queda en manos de un grupo de mesiánicos especuladores bancarios, que lo único que persiguen es el poder amasar, de una manera ilegal y ocultista, enormes riquezas y fortunas, escudándose en el vacío legal existente en este tipo de organismos:

- Organización para la Cooperación y el Desarrollo Económico (OCDE): En este selecto Club se agrupan los 30 gobiernos capitalistas con mayor renta per cápita que comparten los principios del sistema económico del capitalismo mercantilista.
- Fondo Monetario Internacional (FMI) y el Banco Mundial: Representan a la perfección su papel de prestamistas usureros, debido a la asfixiante presión económica que ejercen sobre los países en vías de

desarrollo. Tras la última reunión de la cúpula dirigente del Club Bilderberg (la Reina Beatriz de los Países Bajos, David Rockefeller, Josef Akerman, James Wolfensonh, Dennis Ross, Lawrence Summers, Kofi Annan, Juan Luis Cebrián (Grupo Prisa), Miguel Ángel Moratinos,...) el Fondo Monetario Internacional ha decidido la implantación de una moneda única a nivel internacional, respaldada por el Banco Mundial y por los líderes del G 20.

- La Comisión Europea: Este sistema seudo-democrático, impregnado de tics autoritarios, representa en toda su esencia los valores y métodos del gobierno supranacional fomentado desde la elite del Club Bilderberg, debido a su oscurantismo político a la hora del nombramiento de sus miembros y a su sistema legislativo que pasa por alto, a la hora de promulgar nuevas leyes, la opinión y el bienestar social de los ciudadanos que conforman la Unión.

- Organización Mundial de Comercio (OMC): Es la causante (por omisión y cohecho) del sistema especulativo que rige hoy en día a nivel internacional, ya que la OMC es la encargada de fijar las reglas de juego del comercio mundial, reduciendo, notablemente, el margen de maniobra de los gobiernos, lo que en la práctica equivale a un mundo dirigido por la dictadura del capitalismo mercantil de la elite financiera.

Desde su creación, los jefazos del Club Bilderberg son los

responsables de promover conflictos bélicos y mercantiles a nivel internacional, con el único objetivo de suprimir las soberanías nacionales para poder implantar un nuevo sistema político-económico de carácter transnacional. La oligarquía financiera necesita el poder que otorga la hegemonía política e industrial sobre los beneficios proporcionados por la explotación de las materias primas, para fortalecer sus monopolios corporativos. De ahí que los miembros de la cúpula del Club Bilderberg, se hayan propuesto reconvertir la zona de Oriente Medio, a través del intervencionismo militar de su filial armada (*los EEUU*), en un sucedáneo de reinos de Taifas descentralizados, que favorezcan la expansión planificada del poderío político-económico judío. La de Guerra de Irak (*liderada por los EEUU, Inglaterra y España*), fue orquestada a la sombra del escenario político, por la cúpula del Club Bilderberg y sus vasallos políticos, pretendiendo apropiarse del petróleo iraquí. La intervención de España (a *pesar de la abrumadora oposición de sus ciudadanos*) en el conflicto armado de Irak, fue promovida desde el lobby pro-israelí del judío Marc Rich (*íntimo amigo de la familia Aznar y ex-traficante de armas*), buscando relevar a Inglaterra del papel de vasallo de salvaguarda, en el plano internacional, del intervencionismo belicista de la administración estadounidense.

Bajo el falso pretexto de asegurar la paz y seguridad internacional se atacó a un estado legítimamente soberano, vulnerando así la legalidad internacional. Todo por desestabilizar los mercados, en un hábil movimiento geoestratégico, que aumentaba los beneficios especulativos a través del monopolio de los activos financieros de las grandes corporaciones de la industria armamentística. La destrucción de las infraestructuras policiales, sanitarias, civiles, los bombardeos indiscriminados, niños desnutridos, subidas abusivas de precio, mujeres violadas, torturas, represión...; obedece a la rapacidad de las grandes corporaciones comprometidas con el ideario mercantilista del Club Bilderberg. Ante el negocio diversificado asociado a la nueva situación política y social generada tras la invasión económica y militar de Irak, cientos de miles de civiles iraquíes se ven obligados a subsistir en una situación de extrema pobreza y de desempleo, mientras que los accionistas y ejecutivos de las grandes corporaciones transnacionales, adscritas al Club, obtienen cuantiosas ganancias con el negocio de la guerra. Cuando una guerra está basada, únicamente, en los intereses político-económicos de la oligarquía financiera, nunca podrá ser justificada bajo el falso pretexto de la supuesta liberación de un pueblo de la dictadura en la que vive. Ahora, al igual que antaño, el pueblo iraquí es esclavo de su presente y su futuro: primero fue esclavizado por un sátrapa suní y ahora por los designios mesiánico-colonialistas del "Pueblo elegido".

Actualmente, el estado de Irán se encuentra en el punto de mira de los socios del Club Bilderberg, ya que aparece como un gran rival geopolítico en la región de Oriente Medio. Esto no agrada a la élite financiera judía ni a las grandes corporaciones transnacionales. A pesar de la desinformación general de la población respecto a las cuestiones político-económicas en Oriente Medio, la invasión de Irán es un hecho confirmado por documentos e informes militares que señalan como la guerra de Irak fue la antesala de un ambicioso proyecto, diseñado por los pensadores del Club Bilderberg y financiado por el capital de las grandes corporaciones transnacionales; de remodelación institucional, social, civil, y militar de los estados mahometanos. Al desnudar la visión geoestratégica de la política oficial del Club Bilderberg para Oriente Medio, podemos observar que el leiv motiv de esta nueva "Guerra Santa" económico-financiera, es el de asegurar de forma ininterrumpida, gracias al intervencionismo militar de los EEUU y sus aliados, el acceso a la inmensa riqueza petrolera del territorio iraní a los conglomerados financieros e industriales pertenecientes a la órbita del Club.

El estado iraní no se ve en la necesidad económica de abrir su mercado petrolero a las inversiones de las grandes corporaciones, al contrario de lo que ocurre en los países en vías de desarrollo, obligados a vender sus activos estatales para poder pagar los favores recibidos por sus acreedores internacionales. Bajo la amenaza de una futura campaña militar, encabezada por los EEUU y sus aliados, Irán se ve presionado, según los dictámenes de los burócratas cosmopolitas del Fondo Monetario Internacional; a abrir sus fronteras financieras al sistema económico del capitalismo mercantilista. Al igual que ocurrió en Irak, la intervención en Irán está directamente vinculada con los intereses de Wall Street, el Pentágono, la OTAN y el Banco Mundial. Tanto el capitalismo petrolero armamentístico como el capitalismo financiero, son distintas caras en una misma moneda, en la llamada *"nueva era de reestructuración post conflicto"*.

Las sanciones económicas y militares impuestas internacionalmente de una forma deliberada a Irán, gracias a la influencia del Club, solo generan una atmosfera global de inseguridad y de caos económico. De un modo más general, el conflicto armado contra Irán afecta directamente a los intereses económicos de la población civil Occidental. La inseguridad política en el plano internacional, genera el aumento especulativo de los precios del petróleo y los alimentos, dando lugar a un ciclo de recesión mundial, que favorece los trastornos financieros resultantes del proceso de colapso económico-mercantil. Esto beneficia únicamente a un selecto Club de accionistas de las grandes corporaciones, pertenecientes a la órbita política y financiera del Club Bilderberg, en su lucha por la consolidación hegemónica sobre el control de la economía real a nivel global, dentro del sistema del capitalismo mercantilista.

Con las llamadas "Guerras Preventivas" no solo se conquista militarmente, sino que también se facilita la expansión económica de las grandes corporaciones en los nuevos mercados sometidos, bajo el falaz argumento de la lucha contra el terrorismo. En la actualidad, la política intervencionista de los EEUU y sus aliados, genera enormes beneficios a las corporaciones armamentísticas, en cuya órbita de mando se encuentran situados los lobbys de presión que operan en el Pentágono y en la Casa Blanca, con total impunidad. La nueva ley de oferta y demanda del capitalismo mercantilista implícita en el negocio bélico, desdibuja la realidad político-social, favoreciendo que las "sociedades privadas" decidan de una manera arbitraria la aparición o no, de nuevos conflictos armados.

Debido al rol político-imperialista puesto en práctica por los miembros del Club Bilderberg, la sociedad blanca se encuentra en la mayor encrucijada de su historia moderna. El enfoque criminal dado por las grandes corporaciones de la industria armamentística y financiera, socava los principios básicos de igualdad y legalidad internacional. No hay que obviar el hecho de que la desmembración de la ex-república soviética de Yugoslavia, se decidió en el seno del Club Bilderberg, al igual que la actual escisión de Kosovo del estado de Serbia; y todo con el único propósito de desestabilizar la zona de Europa Oriental, para obligar a Rusia a amoldarse a los postulados neocolonialistas y multiculturalistas del Club.

La declaración oficial de independencia por parte de Kosovo representó, y representa, el grado máximo de la sin razón intervencionista de los EEUU y del Club Bilderberg. Al igual que aconteció en Irak, la intromisión de los poderes fácticos del Club en Kosovo, fue justificada con la misma cantinela moralista que aboga por la liberación de los pueblos, en favor de la convivencia pacífica, en un nueva y "única" administración supranacional, en la era de la Alianza de Civilizaciones. El conflicto de Kosovo permite redibujar en simples trazos, los objetivos que persigue la élite racial dirigente del Club Bilderberg dentro del mapa geopolítico. Kosovo supone una gran victoria moral de los poderes fácticos frente a la supuesta legalidad internacional y el bienestar social de los habitantes de la región de los Balcanes. El acoso al que se ve sometida, por parte de los organismos internacionales, la soberanía nacional del territorio serbio, obedece a la ansiada remodelación estructural de Europa diseñada por la élite racial dirigente del Club Bilderberg, en pro del establecimiento de un Nuevo Orden Mundial. En resumidas cuentas, lo que ocurre en Kosovo viene siendo parte de una estrategia mucho más amplia, dirigida por el Club Bilderberg, en nombre del mesianismo religioso del pueblo judío y de los intereses capitalistas de los grandes monopolios transnacionales de las corporaciones armamentísticas, industriales, bancarias y petroleras. La actuación vacilante de Europa respecto a la cuestión Kosovar, es un fiel reflejo de la decadencia económica, política, militar y moral del sistema burocrático de la Unión, alentando con ello, la conducta neocolonialista de las corporaciones transnacionales, adscriptas al Club Bilderberg, y sus pretensiones mercantilistas sobre las supuestas naciones liberadas, debido a tres factores fundamentales:

- Ante la debilidad política del mundo occidental, el control sobre los recursos energéticos que atraviesan el Mar Caspio y el Mar Negro quedan a merced de las grandes corporaciones transnacionales, lideradas por el elemento judío.

- Kosovo es la puerta de entrada para la implantación del nuevo modelo geopolítico diseñado por el elemento judío para Europa: la nueva confederación Euroasiática, y mediante el reconocimiento institucional de Kosovo, se sienta un peligroso precedente para la estabilidad territorial de las naciones occidentales.

- El control de las tuberías que conducen los recursos petrolíferos y gasíferos cercanos a la región Balcánica, suponen una importante medida de presión contra aquellos estados de la Europa Occidental que se nieguen a aceptar los postulados de los rabís político-financieros que diseñan las políticas internacionales del Club Bilderberg.

Respecto a todo lo que rodea al Club Bilderberg hay una verdad innegable y es que: las limitaciones financieras y comerciales del mercantilismo capitalista, favorecen la aparición de periodos recesivos que azotan a la sociedad, bajo la atenta supervisión política de la cúpula dirigente del Club. Mediante el colapso político-financiero fomentado desde las instituciones administrativas que controlan la economía mundial, se pretende sumir a las naciones occidentales en una crisis financiera, política, social y empresarial permanente, que las condene al estancamiento económico durante décadas, para facilitar la implantación de un nuevo gobierno supranacional, dirigido por los Amos del Pensamiento. Los directivos corruptos y los fraudes administrativos continuados en los balances fiscales de los gigantes corporativos, son la esencia misma de la nueva era del capitalismo mercantilista defendida por el Club Bilderberg.

Solo mediante una revolución social verdadera, se logrará acabar con la dictadura de las necesidades políticas, económicas y materiales que nos son impuestas, bajo la falsa promesa de un nuevo orden de "paz y prosperidad", por un sistema reaccionario, dominado por una oligarquía financiera guiada por sus delirios mesiánico-imperialistas.

OTRAS OBRAS DEL AUTOR

PATRIOTISMO O BARBARIE
(Nacional Revolucionarios del siglo XXI)

¿Qué significa a día de hoy ser patriota? Casi nadie sabe, realmente, que se oculta detrás de la definición de patriota. Los patriotas somos una especie en extinción, una rara avis, seres cuasi mitológicos de los que solo se conoce de su existencia por antiguos y polvorientos legajos, que son despreciados por el hombre moderno. De ahí la importancia de preservar, defender y avivar la diminuta y casi extinta llama nacionalista que, se supone, anida en los escasos corazones europeos que todavía no han caído cautivos de la desinformación.

AENIGMA IUDAICUM

(de Mesopotamia a la Tierra Prometida)

A lo largo de la historia, ríos de tinta han corrido respecto a la cuestión judía. Son numerosos sus detractores, pero también sus defensores. Cuando se toca la cuestión judía no hay lugar para medias tintas o para plumas pusilánimes: *o los amas o los desprecias*. Nunca nadie había conseguido generar tal cantidad de sentimientos encontrados: "*incluso en sus mayores defectos, el judío puede ocultar alguna de sus mayores virtudes*".

Al evaluar la actuación de la problemática judía a lo largo de la historia, se puede observar como ésta abarca diferentes conceptos: políticos, sociales, económicos, religiosos e históricos. Por ello, la cuestión judía debe ser considerada desde una perspectiva histórica, sociológica y teológica, ya que en la actualidad todavía surgen dudas acerca de quién o qué es ser judío.

LA VERDAD INCÓMODA

La verdad natural de las cosas, es la principal enemiga del ser humano. Siempre han existido un tipo específico de hombres y mujeres, a los que la certeza les resulta cuanto menos incómoda. En la era del engaño, el más falso y tramposo termina gobernando sobre el resto. La verdad oficial al gusto del consumidor, siempre se podrá prefabricar. Los censores del pensamiento saben que cuando se libren del último pensador políticamente incorrecto, habrán terminado de ganarle la partida a la verdad. Nos jugamos mucho como para claudicar sin dar pelea, la inacción o el silencio cómplice no nos favorece.

EL PODER DE LA SANGRE: EL DESPERTAR

"En un mundo desolado por el caos y la destrucción, por guerras inmensurables, con una sociedad decrépita y unos dirigentes corruptos, un solitario cazador es llamado a ser el adalid de una nueva era. Una aventura épica repleta de batallas y magia, en la que se confunden el bien y el mal y el orden impuesto se ve trastocado por la afilada hacha de Kerron, el Cazador, y la búsqueda de su propio destino"

El Poder de la Sangre:
" Resurrección "

J. Carlos da Costa

EL PODER DE LA SANGRE: RESURRECCIÓN

"El Día de la Resurrección ha llegado. Los no muertos arrasan el territorio de Uldarsteir, al norte de Keltnar, guiados por el macabro Profeta de Nolt. La plaga creada por Zeildoux no conoce el miedo, ni el cansancio. Sin alma, vida, ni conciencia; los resucitados se lanzan al combate desatando la carnicería.

En el sur, la situación no es mucho mejor. La guerra asola campos y ciudades sin hacer distinción. Las tropas imperiales del Dras avanzan, sin oposición, hacia el valle de Helbon. El acero tuarnak riega las tierras conquistadas, con la sangre alba de los caídos en combate. Batallas tras batalla, los ejércitos de Cronfort caen derrotados en una lucha sin cuartel, en la que el perdedor será exterminado.

Mientras tanto, Gorben y Kerron continúan sus vivencias por separado, sin saber que el destino los conduce hacia un mismo lugar"

EL PODER DE LA SANGRE: RENACER

Antiguos y nuevos enemigos, de los que un hombre sensato se apartaría, se enfrentan en el tablero de juego que es Keltnar. Kerron cree haber enterrado su convulso pasado, en lo más profundo de su desgajado corazón. Como señor de Morderviev gobierna el territorio de las Tierras Inmaculadas (antiguo Uldarsteir), en el nombre del Profeta de Nolt. Los habitantes de las verdes llanuras de Helbon sufren la opresión del Eterno Azul, gracias al disfraz humano que le propicia la máscara carnal de Huwon. El viaje de Gorben "el Belsisco" también está a punto de comenzar, pero no estará solo en su aventura. Illium y Agdius lo acompañan en su peregrinar hacia el este. Y mientras tanto, en el sur, el Imperio Tuarnak ha echado raíces en el continente de Aryn.

Rendirse no es una opción, ya que el invasor no conoce la piedad con el enemigo vencido.

PENSAMIENTO HEREJE

¿Qué significa "Pensamiento Hereje"? Es muy sencillo: pensamiento hereje es tratar de alcanzar la verdad, pensamiento hereje es cuestionarse los dogmas sociales que nos quieren imponer, pensamiento hereje significa hablar claro, sin temor a represalias; en definitiva, pensamiento hereje es ser: "políticamente incorrectos".

LOBOS ENJAULADOS
(Diario de un Condenado)

En los Estados Unidos de América del siglo XXI, los blancos hemos pasado a ser los nuevos negros. Lo más indignante es que a los Señores X como yo, nos obligan a conformarnos con las sobras que nos lanzan. Ni siquiera nos permiten defender lo poco que tenemos. Por desgracia formo parte de esos millones de "White Trash" a los que nuestro gobierno pone en el último lugar, a la hora de acceder a los puestos de la administración o recibir la limosna pública.

"Basura Blanca" nos llaman, os imagináis la que se formaría en las calles si en las noticias se refirieran a los afroamericanos como: "basura negra".

Estad tranquilos, eso nunca pasará, no se atreverían a hacerlo.

No me llamo "Señor X", mi nombre real es Jos August Calú y ésta es mi historia.

Sobre el autor:

Español de nacimiento, mozambiqueño y portugués de sangre, una mezcla curiosa para un escritor en castellano. Nacido en Ponferrada (el Bierzo) en 1985. Estudiante de la carrera de Educación Social y activista político en pro de la causa white africaner, actualmente trabaja en la continuación de la saga épico fantástica de: "El Poder de la Sangre".

El autor es un apasionado de los juegos online de rol en vivo, los cómics y de los mundos de Warhammer, Magic the Gatering y World of Warcraft. Lector voraz de todo aquello que caiga entre sus manos, su fascinación por la cultura celta y por los mitos y leyendas indoeuropeos, le ayudan a aportar a sus escritos un toque histórico que compagina con dosis de magia e imaginación.

Escritor de relatos, textos políticos, conferenciante de charlas online sobre la causa white africaner; AENIGMA IUDAICUM representa un punto de inflexión en su carrera. Impulsado por la necesidad de dar rienda suelta a su activismo y cansado de no encontrar textos que pusieran el dedo en la llaga, se decidió a crear una obra que encajara con lo que él estaba buscando.

INDICE GENERAL

www.ingramcontent.com/pod-product-compliance
Lightning Source LLC
Chambersburg PA
CBHW071304310526
45793CB00013B/37